别输在不会说话上

事业和生活中超有效的说话法则

张 月◎编著

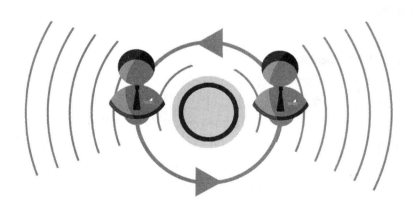

广东旅游出版社

GUANGDONG TRAVEL & TOURISM PRESS

图书在版编目（CIP）数据

别输在不会说话上/ 张月编著. —广州：广东旅游出版社，2014.5
（2024.8重印）
　ISBN 978-7-80766-800-8

Ⅰ. ①别… Ⅱ. ①张… Ⅲ. ①语言艺术 - 通俗读物Ⅳ. ①H019-49

中国版本图书馆CIP 数据核字（2014）第054682 号

别输在不会说话上
BIE SHU ZAI BU HUI SHUO HUA SHANG

出 版 人　刘志松
责任编辑　李　丽
责任技编　冼志良
责任校对　李瑞苑

广东旅游出版社出版发行

地　　址	广东省广州市荔湾区沙面北街71号首、二层
邮　　编	510130
电　　话	020-87347732（总编室）　020-87348887（销售热线）
投稿邮箱	2026542779@qq.com
印　　刷	三河市腾飞印务有限公司
	（地址：三河市黄土庄镇小石庄村）
开　　本	710毫米×1000毫米 1/16
印　　张	16
字　　数	240千
版　　次	2014年5月第1版
印　　次	2024年8月第2次印刷
定　　价	78.00元

前 言
PREFACE

语言的魅力是巨大的，语言的智慧是无穷的，而这种魅力和智慧也需要人们通过一定的说话方式表现出来。一个会说话的人往往会受到别人的欢迎和敬佩。在某种场合，是否懂得"直击人心的说话艺术"，将直接决定你博弈的成败。

看看下面这个故事：

有个男孩想让母亲为他买一条牛仔裤，这个愿望本来很简单，但孩子却害怕被拒绝，因为他已经有了一条牛仔裤。母亲向来节俭，估计不会满足他的要求。

于是，儿子便想了个独特的方式。他没有像别的孩子那样苦苦哀求，或者撒泼耍赖，而是一本正经地对母亲说："妈妈，你见没见过一个孩子，他只有一条牛仔裤？"

这句颇为天真又略带计谋的话，一下子打动了母亲。那天，母亲就给他买了一条新牛仔裤。后来，母亲每次和别人聊起儿子，总要谈及这件事。她说："儿子的话让我觉得如果不答应他的请求，简直有点对不起他。我当时想，哪怕自己少花点，也不能委屈了孩子。"

　　故事中的小男孩就非常聪明，仅仅用了一句话就打动了母亲，实现了自己的愿望。他在说这句话时，打动母亲是他唯一的目的。结果证明他做到了，而且母亲也觉得他的要求是人之常情，而非过分要求。其实，这样的例子在生活中比比皆是，只要你愿意开动自己的脑筋。

　　《别输在不会说话上》这本书以"说话"为主要线索，向读者阐述了14个滴水不漏的说话方法。通过这14个方法的介绍，让读者掌握最简洁有效的说话方式，从而让读者在任何时候、面对任何人都能放松自己，侃侃而谈。

目 录 CONTENTS

Part1　说话之道：深得人心才是关键

会说话的力量是巨大的，语言的智慧是无穷的。在语言的背后，体现了一个人的品格、修养、才学和城府。口才是学识、才干和智慧的重要标志，是想象力、创新力、应变力及人际交往能力的综合表现。口才好总会受人欢迎、受人尊敬。

Part2　第一印象：开口就能赢得好感

　　获得一个人的好感需要多久？其实，人们总是在最初接触的一刹那就会对对方产生大概的印象，而这个印象直接决定了其好感程度。所以，在最初接触的一刹那，你所说的每一句话都是至关重要的。

Part3　看人说话：对不同的人说不同的话

　　你要说话，先要看准对象，他是愿意和你说话的人吗？如果所遇非人，还是不说为好；这个时候，是你要说话的时候吗？如果时候不对，还是不说的好。说话的成功与失败，诚然与你的说话技术有关，而是否得其人得其时，也与你说话的成败有很大的关系。多说话，别人未必当你是能干，少说话，别人也未必当你是呆子。

Part4 话随境迁：用好情境的微妙关系

交谈时，说和听双方对话语的采用或理解，都要受特定场合的影响和制约。就说的一方来说，无论是话题的选择，还是话语形式的采用等，都要根据特定场合的需要来确定。

Part5 把握时机：该说的时候再开口

一个人说话的内容不论如何精彩，但如果时机掌握不好，就无法达到说话的目的。因为听者的内心，往往随着时间的变化而变化。要对方愿意听你的话或者接受你的观点，都应当选择适当的时机。

Part6　言辞达意：意思表达要清晰准确

固然，口才的能力是有赖于相当的训练，但口才的实际基础是建立在人们善于思考、善于观察、兴趣广泛、常识丰富以及强烈的同情心和责任心之上的。没有上述所列举的基础，光是口齿伶俐，也不能成为一个口才好的人。

Part7　言由心生：好口才要情真意切

说话要有分寸，分寸拿捏得好，很普通的一句话，也会平添几许分量，话少又精到，会让人感觉你有深度。而说话的分寸决定于与你谈话的对象、话题和语境等诸多因素的需要。换句话说，要言之有度。

Part8　控制情绪：有理性的谈话才是最好的

有时候在说话之前，不要急于去谈自己的想法和观点，学会冷静地思考问题，最好在脑子里预演一遍，觉得没问题后再说出口！

Part9 留有余地：任何时候都别把话说绝

别人也许真的错了，但他们自己并不这么认为。或者，他们虽然明知错了，也希望得到足够的尊重。所以，别去指责他们，因为那是愚人的做法。尝试着去理解他们，只有真正智慧、宽容的人才能做到这一点。

Part10 委婉含蓄：巧用弦外之音的技巧

社会生活纷繁复杂，人们总会遇到一些不便直言的事情或场合，这就要求我们要掌握委婉含蓄的说话技巧。含蓄就是在交谈或论辩中，不把本意直接说出来，而是采取曲折隐晦的方式表示本意，带有哑谜特色的一种当众讲话方法。

Part11　恰到好处：说话贵在言谈得当

人与人之间沟通，懂得如何说话、说些什么话、怎么把话说到对方心坎儿里，这些都是很重要的方面。嘴上功夫看似雕虫小技，却有可能因此扭转你的一生。

Part12　谈吐幽默：会说话者必擅长幽默

语言幽默的人在社交中往往大受欢迎。最能聚集人脉的人常常就是颇具幽默感的人。可以说，幽默在交往中的作用也是多方面的，幽默可以用来处理那些常规思维方式难以应付的问题；可以巧妙地化解矛盾；可以表达自己的不满又不至于伤了和气；可以表现委婉含蓄又入木三分的讽刺；可以用来帮助自己摆脱窘迫等等。

Part13 以理服人：言之有理让人口服心服

在生活与工作中，人们不可能具有同样的想法。在推广新战略，引入新方法、新技术的工作空间中，种种不一致演变为激烈的辩论或冲突是在所难免的，我们不可能"天天碰到笑脸"，故而也不可能"天天都是好心情"。

Part14 巧妙说不：拒绝他人也是一门艺术

有个伟人说过：人世间最难的事就在于对他人说"不"。在面对他人的要求时，人们常常会陷入两难境地：要是拒绝他人，怕会得罪对方，万一以后自己有事求人家，人家不给面子。而答应了对方，有时候就会违反自己的原则，让自己陷入尴尬的境地。其实，只要掌握了拒绝他人的语言艺术，就会避免这种两难境地，把事情完美地处理好。

Part 1 | 说话之道：深得人心才是关键

会说话的力量是巨大的，语言的智慧是无穷的。在语言的背后，体现了一个人的品格、修养、才学和城府。口才是学识、才干和智慧的重要标志，是想象力、创新力、应变力及人际交往能力的综合表现。口才好总会受人欢迎、受人尊敬。

说话也要用点心理学

第二次世界大战期间，美国因为参战而必须动员大批青年服兵役，但多数美国青年过惯了舒适生活，担心危及自己的生命，于是纷纷抵制美国五角大楼发出的征召令。俄亥俄州的地方行政长官已经是第五次被参谋长联席会议主席训斥得灰头土脸。

他表示：他已经说得口干舌燥，却仍然无法说服那些懦弱且意见纷杂的青年。正当他焦头烂额之际，有人向他介绍了一位大名鼎鼎的心理学家。

这位心理学家经过一番精心准备之后，信心十足地来到募兵现场。当他面对台下东张西望的青年时，先沉默了五分钟，然后用浑厚的男中音开始进行演讲：

"亲爱的孩子们，我和你们一样，特别珍惜自己的生命。"

青年们见他颇有学者风度，说话又切合自己的胃口，便开始安静下来聆听。

"首先我要提醒大家，热爱生命是无罪的，因为，我们每个人都只有一次生命。凭良心说，我同样反对战争、恐惧死亡，如果要求我到前线去，我也会和大家一样想逃避这项命令。

"但是，我也存在另外一种侥幸心理：假如我服兵役，可能只有一半的几率会上前线作战，因为也有可能会留在后方；即使上了前线，我作战的可能性同样也只有一半，因为说不定我会成为某长官的左右手而留在安全地区；万一我不幸必须扛起枪，受伤的可能性仍然只有一半；即使不幸挂彩，如只有轻伤也不致受到死神的召唤，因此，我实在没有担忧的理由；如果是重伤，或许在医生的帮助下也有可能逃离地狱的鬼门关；就算真的运气不好，如果我不幸为国捐躯，亲人和朋友也将替我感到骄傲，我的父母不但会受颁一枚最高勋章，还可得到一笔数量可观的抚恤金和保险金，邻居小孩子们会以我为英雄，把我当成偶像来崇拜。而我，一位伟大的战士也进入天堂，来到慈祥的天父身边，说不定还会见到万人敬仰的华盛顿将军。"

听完这段演讲，本来极力抗拒上战场的青年们纷纷表示愿意赌一赌，他们或者是想当英雄，或者是有人家境不好，万一出事可领巨额抚恤金。

就这样，心理学家的一席话，攻破了青年们的心理防线，让他们成功地被说服。

实际上，这位心理学家只是发挥了他善于操控别人情感的特长而已。如同催眠师一般，他先瓦解对方坚固的防御心理，进而掌握他们潜意识下的心理需求，然后将他们一步步引入预先布下的网络中，最后巧妙地操控对方的情感，使其轻易就范。

如果你在与人谈话的过程中，特别坚持自己的主张和观点，试图使自己彻底击溃对方而占得上风，那对方反而会加强防范、顽固对抗，结果就会适得其反。

这时你应该先顺应对方的意思，肯定对方的想法，再有意无意地以伪装过的说法表达自己想说的话，才不会让对方发现你的意图。

会说话的力量是巨大的，会说话的智慧是无穷的。在说话的背后，体现了一个人的品格、修养、才学和城府。口才是学识、才干和智慧的重要标志，是想象力、创新力、应变力及人际交往能力的综合表现。口才好总会受人欢迎、受人尊敬，而懂得"直击人心的说话艺术"，更是决定你人生成败的关键。

说话必须掌握方法和艺术

我们与人交往时，说话的内容固然重要，但别人对你的评价如何，你给别人的印象是好是坏，很大程度上是由你的语言表达方式决定的。

因此，应该承认，在社会交往中注意自己的说话方法，是开口说话至关重要的一个环节。

有的时候，谈话的重点会在我们轻松自在的说话中明显地表达出来；有的时候，我们以平和的心态与人说话，也会留给对方深刻的印象；有的时候，我们怒气冲冲地与人讲话，也能获得别人的好感；甚至有时候我们与人说话时心不在焉，却依然能够表达自己要讲的意思。

这是为什么呢？这就是因为在不同心态下用不同的说话方法，可以决定我们能否把该强调的重点充分地表达出来。

当然，一个人在与人说话的时候，始终保持一份好的心情，肯定能加深别人对他的好感；反之，说话时装模作样、自命不凡、优越感太强的人，便不容易得到别人的认同，朋友也会离他越来越远。

说话应该做到条理分明，因为有关你的工作能力、教育程度、知识水平、兴趣爱好、审美追求等许多方面的情况，皆是通过你的言谈表现出来的。一个说话东拉西扯且没有条理的人，很难让人明白他究竟想要说什么。

所以，一个人说话不能掌握正确的方法，不能强调重点，言语没有分寸，他的社交活动肯定劳而无获，不会有什么好结果。

任教于美国明尼苏达教育学院的罗伯·格林教授，曾请参加一次研讨会的75位来宾分别写下自己焦虑不安的原因。

结果，令这些人焦虑不安的主要原因有：

"当我还没有讲完话的时候，其他的人已开始发表自己的意见，使得我的话头被打断。"

"不听别人讲话，自己一味地说。"

"在讨论会上，别人只想发表意见，而忽视我的言论。"

"说话时有被人轻视的感觉。"

"话讲到一半，忽然被人打断。"

"怕讲不明白。"

"怕没讲明白。"

"不知对方是否在认真听。"

"自己讲话过于片面。"

"话讲到一半便失去了兴趣。"

"对方无故沉默。"

那么我们在人际交往中，是否也犯过上述这些毛病，是否也因此而在无意中伤害过别人呢？

现在，你不妨先用下面这些问题来检查一下自己。

开始与别人交谈时，会希望别人快点说完吗？

和不熟悉的人说话时，会觉得不知道他在说什么吗？

与对方交谈时，你还会想其他事情吗？

是否时常会有找不到话题的时候？

不喜欢别人为你介绍陌生人吗？

是否时常会有想不出好措辞的时候？

是否常常想中断对方的谈话？

即使和亲朋好友谈话，也会有没有话题的时候吗？

当你讲话时，是否感觉到其他人的坐立不安？

对方是否常常会打断你的谈话？

与人交谈时，争执的情形多吗？

你觉得用家常话会很难和别人交谈吗？

是否觉得自己不会幽默？

在会谈的时候，你是否会认为提早结束比较好呢？

是否常常请求对方赶快说明情况？

是否一讲起来就没完没了？

常想教导别人吗？

是否时刻在维护自己的形象？

以上这些问题，如果你有七个以上的回答是"是"，那么你就有必要注意说话的技巧了。掌握正确的说话方法，能使我们判断出自己的想法是否合乎情理，同时也能让别人对我们有一个正确的评价，时间一长，自然能给人们留下良好的印象。

察言观色是直击人心的基础

心有所思，口有所言。通过语言这个窗口，可以窥视人的内心世界，而社交正是在不同思想支配下的语言交锋。因此，通过语言把握对方思想活动的脉搏，自然是获取人际交往胜利的关键。与察言同样重要的还有观色，考察对方的举止神态，有时能捕捉到比语言表露得更为真实的微妙思想。因为许多举止神态的变化都是下意识的，在某一瞬间，它们可能完全不受主观意识的控制。

心理学研究证明，外界事物对人大脑的刺激，往往会使人体内部某些相应组织的机能在一个短时间内出现异常现象。也就是说，人的喜怒哀乐，不仅是通过口头语言，在更多情况下是通过人的肌体来表现的。

另一方面，由于个性差异，每个人的思想和感情的流露，又多包含在一种与众不同的习惯性动作、神态当中。在论辩过程中，若能善于从两个方面洞察对方，那么，你就算成功了一半。尽管心理学为我们揭示了人的思想感情活动在人的肌体上的一般特征，但是，仅仅了解这一点，就想在社交中准确无误地把握对方，显然是不够的。应该看到，人不仅具有自然属性，而且具有社会属性。其表现之一就是人具有一种自控能力，即对言谈举止的制约和支配，这种能力对于那些政治家、外交家和社交人员尤为重要。

1.含而不露

社交活动是唇枪舌剑的较量，一般来说论辩双方出现起伏不定的情绪是很自然的，但是对于某些经验丰富的人来说，却可能自始至终地保持着一种镇定自若、温文尔雅的姿态，看上去既不激动也不冷漠，而是彬彬有礼。你不能说他对你的问题或陈述不感兴趣，可你又看不出他真正的兴趣所在。当你讲话时，他可能笑容可掬地看着你，给你一种好感，而心里却在想着另一个问题。

在社交中，你不能轻易地认为表情温顺的人是好人，而应该看到他的另一面；你也不能轻易地认为表情生硬的人不怀好意，而应该看到他很可能有一颗善良的心。总的来说，一个人的言与色或表与里可能是统一的，也可能是矛盾的。这一点，我们一定要注意。

2.欲藏故露

就一般情况而论，社交双方总是要尽力克制和掩盖自己情感的外露，给对方的印象越是神秘莫测，成功的可能性就越大。

事实上，任何人的言谈都不可能毫无破绽，绝对的无懈可击是不可能的。有人会利用对方的心理，采用欲藏故露的方法，打一场主动的防御战。你不是在捕捉他神情的变化吗？他索性逆水行舟，将那些按常理本应加以掩饰的神态，赤裸裸地呈现在你面前，将你推向一种惊异、迷惑、犹豫不决的境地，使你无论如何也不敢相信这一切竟是那样的千真万确。

3.察言观色

人们的言与色有时是简单外露的，对它的体察是容易的；有时是复杂隐蔽的，对它的体察就比较困难。一般来说有以下几点应注意。

首先，性格定向和语言定位。社交中的察言观色，说到底是对对方言谈举止、神态表情的微妙变化及其含义进行捕捉和判断，是一个"由表及里"的过程。

性格定向和语言定位，是这个过程的第一步。

性格定向就是通过对其表情、言语、举止的观察分析，掌握其性格类型。你可以甩出一两个对方很敏感的问题，静观一下他的反应方式和程度。值得注意的是，这种观察一定要细致入微，千万不要因为对方看上去似乎毫无反应，就断定他是傻瓜。正如看了悲剧，有人流泪，有人木然，你不能说木然的人就没有被感动。在摸透了对方的性格类型之后，就要设法捕捉最能反映他思想活动的典型动作和典型部位，也就是"语言点的定位"。眼、手、腿、脚、身体每一部位的肌肉，都可能是"语言点"的所在。

有些现象的含义人们是很清楚的。如腿的轻颤，多是心情悠然的表现；双眉倒竖，二目圆睁，是愤怒的特征；而微蹙眉头，轻咬嘴唇，则是思索的含义。另外还应该特别注意对方的手，尽管许多人可以巧妙地掩饰许多东西，但还是存在一些普遍性的动作。如愤怒时握紧双拳，或是将纸烟、铅笔之类的东西捏坏，甚至可能两手发颤；兴奋紧张时，双手揉搓，或者简直不知道该把手放在什么地方；思索时，手指在桌面、沙发扶手、大腿等地方有节奏地轻敲等等。

其次，抓住"决定性瞬间"。任何一个人对自己神情的掩饰，都不可能达到绝对的滴水不漏。关键问题是，你在对方错综复杂的神情变化中，能否准确判明哪一个变化是有决定性的。对于机智的人来说，其弥补失误的本领也是异常高超的，他不可能让你长时间地洞悉到他的破绽。

因此，时机对你而言非常宝贵。至于究竟什么才是这种"决定性瞬间"的具体显现，怎样才能将其判明并抓住，那只能具体情况具体分析，凭借你的经验和感觉来定夺，无固定模式可循。

最后，主动探察。察言观色，不能理解为被动式的冷眼旁观。

事实上，主动进攻，采用一定的方式、手段去激发对方的情绪，才是迅速、准确把握对方思想脉络的最佳途径。这里包括以下几点：

一是闲谈探底。即在触及正题之前，漫无边际地谈些与正题无关的话，目的在于观察对方的兴趣、爱好、习惯和学识等情况，如果对方感到厌倦，那么你的漫谈还可起到扰乱其心绪的作用。

二是施放诱饵。你可以若有若无地用一些对对方具有吸引力的话题，判断出对方的心中所想，摸清对方神情变化及心理活动的一般特点和语言点位置。

三是激将法。你可用一连串的刺激性问题攻击对方，使其兴奋，进而失去对自己情绪的控制；你还可以做出一些高傲、看不起对方的姿态，对他的自尊造成一种威胁，激发他的情绪。

四是逆来顺受。当你没有吃透对方的脾性时，在不违反大原则的情况下，不妨先逆来顺受，等待对方暴露更多的信息，你再对症下药，对方自然会心悦诚服地接受你。

不同身份的人有不同的语言

有人说话粗俗下流，有人说话谦虚有理，有人说话内容丰富真实，也有人一派胡言，说话空洞而毫无内容。总之，人通过说话能反映出其拥有的是什么。

高贵、气度非凡者说话谦恭有礼，其心理包括了诚实、信赖、优越等，常用文雅的应酬用语。

然而，这类人应分为两种，一种人是口与心相称的人，一种是口是心非的人。后者很多是外表高尚而内心丑恶的人。

有些人是不愿被对方察觉自己极力掩饰着的欠缺，所以才使用文雅的口气说话。

相反，谈吐粗俗的人具有纯真、单纯、博爱、小心、易变等特性。这种类型的人，无论对上司或部下，对同性或异性，仍不改其谈吐风度，他所喜欢的会永远喜欢到底，对讨厌者也讨厌到最后。

此外，在初次见面的情况下，这种人好恶的表现也相当明显。不是表现得很不耐烦，就是突然地亲热若多年挚友。

除此之外，说话带哭、带泪的人，依赖性非常强烈。

好掉泪的人大多是坏家伙，也即俗话说的"劣根性"。

如某地有一个乞丐村，男女老少都走南闯北乞讨，他们有一个百试百灵的看家本领，就是赖在人家的门外，以半哭半泣的声调，让人们生出恻隐之心，以达到赚钱的目的。这种类型的人，其态度是一辈子都改不了的。

不听对方说话，只顾自己滔滔不绝、口沫横飞的人，属于强硬类型，这种人只要在说话的时候，别人肯"嗯、嗯"地静静听他说，就可以得到他绝对的好感。但因自尊心太强，经常好抢先一步是这类人的一大缺点。

也有不善言辞的人，这一类型以无法巧妙地表达自己想要说的话，或缺乏表现力的人较多。同时，思考深沉、小心、度量窄的人也不少。欠缺智慧，以及精神上有缺陷的人也较多。其中有许多可以克服自我而站立起来，只要他有自信心。

说话快与慢可以推测人的性格

与人说话的声调和速度非常重要，可以从中观察出一个人的心理。

要是对方说话的速度较慢，表示他对你略有不满，相反，速度很快的话，则又是他在人前抱有自卑感或话里有诈的证据。

突然地快速急辩也是同样的心理。例如，罪犯在说谎时，根本不听他人在说什么，立刻滔滔不绝地为自己辩护，就是个好例子。因为他们有不为人知的秘密藏在心里。

也有人说着说着突然提高了音调："连这个都不懂，这个连小学生都会的你也不懂！"像这样恶形恶状的呐喊，是在期望别人一如自己所愿般地服从；相反地，假如说话低声下气的话，则是自卑感重、胆小或说谎的表现。

说话抑扬顿挫、激烈变化的人也有，这种人有明显的说服力，给人善于言辞表达的感觉，但这也是自我显示欲望强烈的证据。

小声说话、言辞闪烁的人具有共同的特点，如果不是对自己没有自信的话，就是属于女性性格，和低声下气的说话类型心理相似。

也有人一个话题绕个没完扯个不停，假如你想阻止他继续说下去，就算是明白地表示："我已经了解你要说的意思了！"他却仍是不想停下来的样子。这种说话法是害怕对方反驳的证据。

也有的随便附和帮腔，例如，"你说得不错……""说得是嘛……"等，在一旁附和对方，这种人根本不理解你在说些什么，同时对说话的内容也一窍不通。如果你在说话时，有人在一旁当应声虫，你必须明白这一点才行。要是你误以为对方了解你的谈话，那你就变成丑角了。

用字遣词可以看出为人

每个人说话都有一定的特性和习惯，常用的词语与字眼，往往反映出说话者的性格。

在谈话中喜欢用"在下"的这种人属幼儿性格以及女性性格的人；

而常使用"我……"的人，则是自我显示欲强烈的人。

在对话中，大量掺杂外文的人，在知识方面的能力相当广泛，但也可能是一知半解，借此显示自己的学识。

也有人喜欢用"我认为……"的口气，这种人在理论方面很慎重，但也有胆小的一面，其对人的警戒心和调查能力也相当优越。初见之下，似乎和蔼可亲，而当我们放心地与其亲近时，他又摆出一副冷若冰霜，瞧不起人的姿态，所以和这种人相处需要相当慎重。

在女性面前，突然以谨慎恭敬的口气说话的男人，属于有双重性格的人，这种人通常在职业上经常被压抑，如学者、医生等脑力劳动者居多。

说话中从不涉及性方面用语的人，则是绷着面孔的道学者类型，与这种人交往，更应特别小心。

知己知彼的技巧

有人夸张地把社交场形容为"战场"，意即舌锋之战。要想成功地取得战斗的胜利，就必须知己知彼。

1.了解情况

即了解对方的一些经历和生活状况。在应酬当中，人的思维方式各不相同，他有他的生活愿望，你有你的生活观点，交谈能否融洽则在于你话题的选择。假如你不了解他的生活困难，而在那里大吹特吹打高尔夫球或是环球旅游的乐趣，他肯定提不起兴趣和你谈下去，但倘若你告诉他一条快速致富的门路，不用你说下去，他也会提问的，因为这正是他所关心的。

2.积累经验

在谈话中，经验是很重要的。对于应酬的话题和场面，应该具有一定的经验，否则就会处于一种不利的局面；对于所涉及的话题应有专门的知识，当你和对方谈到某一件事时，你必须对此确有所认识，否则说起来便缺乏吸引力，不能让对方感兴趣，也无法与他人说到一起。人际交往中，有许多事情即使做法不同，但道理永无改变，这种永恒不变的道理，自己要常存于心。要培养自己的忍耐力，切忌凡事小气。

经验证明，"小气"常使一个人吃亏。要常常保持中立，保持客观。按照经验，一个态度中立的人，常常可以争取较多的朋友。甚至你的"死党"，你也不必口口声声去对他表明，只要事实上是"死党"就行。对事物要有衡量其种种价值的尺度，不要过分地坚持某一种看法；如果有必要对事情保守秘密（一个人不能保守秘密，会在任何事件上都出现很多过失），就不要说得太多，想办法让别人多说。如果在交谈当中，不顾对方的心理变化，而一味地将想法统统搬出来，那么，你是得不到他人的认同的。一厢情愿的谈话往往会让对方厌恶。不该说话的时候说了，是犯了急躁的毛病；该说话的时候却没有说，就失掉了说话的时机；不看对方的态度便贸然开口，则是闭着眼睛瞎说。

在交谈过程中，双方的心理活动是呈渐变状态的，这就要求我们在和人交谈中应兼顾对方的心理活动，使谈话内容和听者的心境变化相适应并同步进行，这样才能让交谈意图达到明朗化，引起共鸣。

3.区别对待

应清楚对方的身份和性格特征。性格外向的人易于"喜形于色"，和他可以侃侃而谈；性格内向的人多半"沉默寡言"，对他则应注意言语委婉、循循善诱。不设身处地替别人想想，只一味地夸夸其谈，其结果必然是失掉了一批又一批的交谈对象。因此，在交谈中区别对待交际对手，是人际交往取胜的关键。

投其所好的妙处

某编辑曾讲过一段故事。他邀一位名作家写稿，该作家非常难合作，各报社的编辑对他大伤脑筋。因此，这个编辑在见面前也相当紧张。

一开始果不出所料，怎样都谈不拢。作家一味地说："是吗……""也许是吧""这我还真不清楚"，搞得这位编辑很是头痛，只好打定主意改天再来，于是闲聊起来。

他把几天前在一本杂志上看到的有关该作家作品近况的报道搬出来，说："您的大作最近要翻译成英文，在美国出版了？"作家见对方如此关心自己，就很感兴趣地听下去。编辑又说："您的写作风格能否用英文表现出来？"作家说："就是这点令我担心……"他们就在这种融洽的气氛中继续谈了下去。本来已不抱希望的编辑，此时又恢复了自信，最终获得了作家答应写稿的允诺。

没有人会喜欢一个谈话时只讲自己而不关心对方的人，人们只愿意和那些与自己有共同话题的人交往。

耶鲁大学文学教授威廉莱亚·惠勒普斯，在《人性》这篇论文中这样叙述：我在六岁那年，有一个星期六去斯托拉多姨妈家度周末。记得傍晚时分，来了一个中年男子。他先和姨妈嘻嘻哈哈谈了好一会儿，然后便走到我面前和我说话。当时我正迷上小船，整天抱着小船爱不释手地玩。以为他只是随便和我聊几句，没想到他对我说的全是有关小船的事。等他走了以后，我还念念不忘，对姨妈说："那位先生真了不起，他懂得许多关于小船的事，很少有人会那么喜欢小船。"

姨妈笑着告诉我，那位客人是纽约的一位律师，他对小船根本没有研究。我不解地问："为什么他说的话都和小船有关呢？""那是因为他是一位有礼貌的绅士，他想和你做朋友。知道你喜欢小船，所以专门挑你喜欢的话题和你说。"姨妈笑着告诉我其中的道理。

在日常生活中，一到周末的下午，我们常看到许多青年男女伫立街头，他们中间有不少人是等待情侣相会的。这时有两个擦鞋童，正高声叫喊着以招徕顾客。

其中一个说："请坐，我为您擦擦皮鞋吧，又光又亮。"

另一个却说："约会前，请先擦一下皮鞋吧！"

结果，前一个擦鞋童摊前的顾客寥寥无几，而后一个擦鞋童的喊声却收到了意想不到的效果，一个个青年男女都纷纷要他擦鞋。这究竟是什么原因呢？

我们听到第一个擦鞋童的话，尽管他的话礼貌、热情，并且附带着质量上的保证，但这与此刻青年男女的心理差距甚远。因为，在黄昏时刻破费钱财去"买"个"又光又亮"，显然没有多少必要。人们从这儿听出的印象是"为擦鞋而擦鞋"的意思。而第二个擦鞋童的话就与此刻男女青年们的心理非常吻合。"月上柳梢头，人约黄昏后"，在这充满温情的时刻，谁不愿意以清清爽爽、大大方方的形象出现在自己心爱的人面前？一句"约会前，请先擦一下皮鞋吧！"真是说到了青年男女的心坎儿上。可见，这位聪明的擦鞋童，正是传递着"为约会而擦鞋"的温情爱意。一句"为约会而擦鞋"一下子抓住了顾客的心，因而大获成功。

一开始就攻占对方的内心

说服的最佳状态，就是在谈话一开始，就迅速攻占对方的内心。因此，在对对方进行说服教育之前，怎样开个好头就显得至关重要。

还有一个很有趣的故事：

有个男孩想让母亲为他买一条牛仔裤，这个愿望本来很简单，但孩子却害怕被拒绝，因为他已经有了一条牛仔裤。母亲向来节俭，估计不会满足他的要求。

于是，儿子便想了个独特的方式。他没有像别的孩子那样苦苦哀求或者撒泼耍赖，而是一本正经地对母亲说："妈妈，你见没见过一个孩子，他只有一条牛仔裤？"

这句颇为天真又略带计谋的话，一下子打动了母亲。就在那一天，儿子得到了一条新的牛仔裤。后来，母亲和别人谈起儿子，总要提起这件事情。她说："儿子的话让我觉得如果不答应他的请求，简直有点对不起他。我当时想，哪怕自己少花点，也不能委屈了孩子。"

就是这样一个聪明的小男孩，一句话就说服了母亲，实现了自己的愿望。在他说这句话时，唯一的目的就是要打动母亲。事实上他的确做到了，让母亲觉得他的要求是合情合理的，而不是非分要求。这样的事情在生活中随处可见，只要你肯动动脑子。

在与人谈话时，不一定总是直来直去，有时候更需要婉转一些。因为有些事情直来直去可能会伤害双方的感情，这时便应该采用婉转的说法。

俗话说"和气生财"，婉转的语言向来是生意场上的制胜法宝。

传说在明代，有个地方新开了一家理发店，门前贴出一副对联：

磨利以待，问天下头颅几许？

及锋而试，看老夫手段如何！

这副对联论文句妙则妙矣，但实在可怕——磨刀霍霍，杀气腾腾，令人毛骨悚然。这家理发店因而门庭冷落。

另有一家理发店，也贴出了一副对联：

相逢尽是弹冠客，

此去应无搔首人。

"弹冠"取自"弹冠相庆"，含准备做官之意，上联又正合理发人进门脱帽弹冠的动作。"搔首"，愁也。"无搔首"，即心情舒畅，这里又指头发理得干净，人感到舒适。吉祥之意与理发技艺巧妙结合，语意委婉含蓄。

这家理发店自然生意兴隆。

所谓委婉，即在交谈中不直陈本意，而是用婉转之词来暗示，使人思而得之，而且越揣摩含义越深，也越有味儿，因而也越是有吸引力和感染力。委婉可以让对方感到发人深省，可以做到柔中有刚，刚柔并济，容易入情入理。

也许你会问，如果不婉转，那会怎么样？

试看下面几个例子：

——父亲走到孩子房间，说："这地方看起来像个猪窝！"

——太太对丈夫说："你把我的话当耳边风！你不会学学把碟子放进水池之前，先把剩菜倒掉吗？"

——一位母亲向孩子吼道："你放的音乐太响了，邻居都被吵昏了头！"

——一位上司对下属说："你对这些资料的分析，特别是费用计算的方式全都错了！"

这种说话方式，因为不顾及对方的自尊心，即使内容正确，也会影响说服力。要解决这种问题也不复杂，就是把话说得婉转一点、客气一点，对方就容易接受了。

就上面几例而言，经改变后可以成为下面的说法：

——每次看到这个房间没有收拾干净，我就替你难受。

——如果把碟子的剩菜先倒干净再洗，我可以省一半的时间。

——声音太大打扰了我的安宁，我难以习惯。

——我的结论和你的有所不同，我是这样计算的……

这样说话，是不是感觉好多了？也不那么刺耳了呢？那么，在说服的过程中，怎样说话更显得委婉呢？下面举例说明：

说客户在"耍阴谋"或"耍心眼儿"，就不如说对方"不够明智"。

尽量避免说"我要证实你的错误"，这句话等于说："我比你聪明，我要使你明白。"这等于是一种挑战，会引起对方的反感。

即使对方真的错了，而你又非要说出来不可，不妨这样说："不过，我有另一种看法，但我的不见得对，还是让事实说话吧。"或者说："我也许不对，还是让事实说话吧。"

你即使认为自己的看法绝对正确，也要避免用太肯定的字眼。例如"当然的""无疑的"等，这会显得你很自负。要改用："我想……""我认为……""可能如此……""目前也许……"等

Part2 第一印象：开口就能赢得好感

　　获得一个人的好感需要多久？其实，人们总是在最初接触的一刹那就会对对方产生大概的印象，而这个印象直接决定了其好感程度。所以，在最初接触的一刹那，你所说的每一句话都是至关重要的。

让自我介绍更精彩

自我介绍，在一般情况下就是把自己的情况介绍给陌生的交际对象，如姓名、身份、职业、特长等，意在使对方了解自己，尽可能地为自己提供方便，并与对方建立联系。人们初次见面，都会产生一种了解对方并渴望得到对方尊重的心理，及时简明的自我介绍，可以满足对方的这种渴望，对方也会以礼相待，做自我介绍。

在日常生活和工作中，人与人之间需要进行必要的沟通，以寻求理解、帮助和支持。自我介绍是最常见的与他人认识沟通、增进了解、建立联系的方式。

在社交活动中，想要结识某人，而又无人引荐，可以向对方做自我介绍。自我介绍的内容，可根据实际的需要、所处的场合而定，要有鲜明的针对性。在某些公共场所和一般性社交场合，自己并无与对方深入交往的愿望，做自我介绍只是向对方表明自己身份。这样的情况只需介绍自己的姓名，如"您好，我叫王海"或"我是王海"。有时，也可对自己姓名的写法做些解释，如"我叫陈华，耳东陈，中华的华"。如果因公务、工作需要与人交往，自我介绍应包括姓名、单位和职务，无职务可介绍从事的具体工作，如"我叫王海，是荣发公司的销售经理"。

在社交活动中，如果希望新结识的对象记住自己，做进一步沟通与交往，自我介绍时除姓名、单位、职务外，还可提及与对方某些熟人的关系或与对方相同的兴趣爱好。

进行自我介绍时，要简洁清晰，充满自信，态度要自然、亲切、随和，语速要不快不慢，目光正视对方。在社交场合或工作联系时，自我介绍应选择适当的时间，当对方无兴趣、无要求、心情不好或正在休息、用餐、忙于处理事务时，切忌去打扰，以免尴尬。若在讲座、报告、庆典、仪式等正规、隆重的场合向出席人员介绍自己时，则应简短又细致。

"我叫柴××，是哈尔滨工业大学机械专业1968年的毕业生，1981年又在省电大学习工业管理，获本科文凭。

"从1970年起我就在××汽车制造厂油泵车间当技术员，1980年晋升为工程师。从1983年起直到现在，承包了服务公司的汽车修理厂。这些年来，我一直研究国内外关于机械加工方面的先进技术，对汽车油泵的品种、规格、型号、质量、工艺流程、销售情况也比较熟悉，有一定的管理经验。我今年45岁，正是年富力强的时期，很想干一番事业。我个人做事果断，敢于拍板，敢于负责。只要给我一定的时间，就能把全部情况弄清楚，拿出办厂的具体方案，提出上缴利润的指标。"

这是某汽车油泵厂的柴××同志在投标时所做的自我介绍，较为具体详尽，既全面介绍了自己的学历、经历、兴趣、专长、能力和性格，又表示了自己的愿望和信心，因而赢得了招标单位的初步信任，为后来的中标打响了第一炮。

得体的称呼就是最合适的见面礼

称呼是指人们在正常交往应酬中，彼此所采用的称谓语，它是言语交际的"先锋官"。在日常生活中，称呼应当亲切、准确、合乎常规。正确恰当的称呼，不仅能体现对对方的尊敬和自身的文化素质，更能促使交际的成功。

俗话说，"良言一句三春暖"，称呼得体就像行个见面礼，使对方获得心理上的满足，使沟通顺畅，交往成功。反之，称呼不得体往往会引起对方的不快甚至恼怒，使双方陷入尴尬境地，造成交往梗阻乃至中断。由此可见，称呼得体与否在很大程度上决定着人们交往活动的成败和管理效果的优劣。因此，不论是从事任何职业的一般职员，还是身负一定职务的领导人或管理者，要想生活愉快、事业发展，都需要注意研究人际称呼的技巧，努力提高自己的称呼艺术。

称呼在人际交往和管理活动中的重要作用早为人们所注意。社会心理学家们认为得体的称呼能使人心情愉快，增强自信，有助于形成亲密和谐的人际关系。而良好的人际关系又是使人精神振奋、心理健康和提高工作效率的重要条件。得体的称呼能缩短人和人之间的心理距离，使人心情舒畅。

那么，怎样称呼才算得体呢？其实称呼并没有什么统一的模式。不同的地区、不同的民族和不同的语言传统，称呼的习惯可能差异很大；不同的职业、职务、性别、年龄的人，对称呼的需要和期望也不尽相同。这就造成了人际称呼的复杂性和多元化，增加了称呼得体的难处。但有一条是共同的，那就是要尊重他人和礼貌待人，这样，对方心里就会产生一种自豪感和满足感，反过来对方也会乐于与你接触，主动和你沟通，这就使交往有了良好的开端。但仅有此还不够，在具体称呼时还要注意做好以下几点。

1.记住对方的姓名

姓名不仅是将自己与他人的存在予以区别的标志，而且不少人的名字还凝聚着父母对子女的期望。由于自尊的需要，每个人都会重视和珍爱自己的名字，同时，也希望别人能记住和尊重它。因此，当自己的名字被别人叫到时，就认为自己受到尊重，心里感到愉悦，对称呼自己的人怀有亲切感。古今中外，一些领导人、政治家和企业家对人的这种心情很了解，与人寒暄时不只说句"您好"，而是在"您好"前面或后面冠以对方的名字，这样做起到了很好的心理效应。我们对久别之后仍能一下子叫出自己名字的人，总是感动万分、钦佩不已的原因，就是这个缘故。

2.符合年龄身份

称呼必须符合对方的年龄、性别、身份和职业等具体情况。对年长者称呼要热情、谦恭、尊重；对同辈则要态度诚恳、表情自然、亲切友好，体现出你的坦诚；对年轻人要注意慈爱谦和，表达出你的喜爱和关心；对有较高职务或职称者，要称呼其职务或职称。总之，要讲究礼貌，既表达出你对对方的真诚和尊重，又不卑不亢。切勿使用"喂""哎"等来称呼人，同时，也应力戒点头哈腰，满嘴恭维话。

3.有礼有节有序

在与多人打招呼时，如果群体中有年长者，也有年轻人或异性在场，就要注意称呼的顺序。一般来讲，应先长后幼，先上后下，先女后男，先生疏后熟识为宜。称呼最能表达说话人的道德修养、知识水平和文明程度，也体现着一个人的交往技巧。称呼兼顾长幼的差异，会使年长者觉得受了尊重，年轻人也心中坦然；如顺序颠倒，不但会使年长者不满，而且被称呼到的人也会感到窘迫。再者应注意尊重女性，在与一个同样年龄、身份的群体打招呼时，先称呼女性，会使对方感到你有较高的素养，从而乐于与你交往。

需要强调的是，以上三点并不是孤立的，而是彼此制约、密切相关的，它们从不同侧面共同决定着称呼的得体与否以及称呼得体的程度。在日常生活中，我们只有依据称呼对象和交往场合等的具体情况，从多方面分析称呼对象的称呼需要，选择得体的称呼语，才能收到最理想的称呼效果。

在转介的时候注意准确

介绍他人，即第三者为彼此不相识的双方引荐的介绍方式。在人际交往中，我们总能碰到为他人介绍的机会，那么如何能使双方满意，达到预期的效果呢？这是一个看似简单，其实却很难做到位的问题。

介绍他人应注意以下几个问题。

1.介绍时要注意介绍的顺序和礼节。一般情况下，是将年纪轻、身份低的介绍给年纪大、身份高的，以示对后者的尊重。介绍多人的一般顺序是：

（1）不同性别的两个人，在一般情况下应将男士介绍给女士，如："李小姐，这是赵先生，刚从河北来。"如果男士尊于女士，则应把女士介绍给男士："赵老师，这位是从哈尔滨来的李小姐……"

（2）不同辈分、职务的两个人，应将年轻、职务低、知名度低的介绍给年长、职务高、知名度高的。如"汪老，这是×××报社的小陈，陈××先生。"

（3）把一对夫妇介绍给他人，在一般情况下应先说丈夫，后说妻子。

（4）同龄人聚会应将未婚的介绍给已婚的，将自己熟悉的介绍给不太熟悉的。

（5）客人到家中拜访，应先把客人向家庭成员介绍，然后把家庭成员向客人做简单逐一的介绍。介绍时，应把被介绍人的关系、姓名讲清楚，同时若能简明地点出他们的爱好和特点更好，这样会给客人以愉快亲切的感觉，也显示出家庭的和睦与乐趣。

2.介绍时体态语要自然、协调。介绍时一般应起立，面带微笑，注意礼节，手掌朝上示意，切不可用食指指指点点。

3.介绍语信息量要适中，不要过于冗长，能为双方攀谈引出话题即可。

4.介绍语要热情、文雅，切不可伤害被介绍者的自尊心。介绍是为了联络感情、融洽气氛、建立交流关系，因此，介绍的话语应热情洋溢，切忌冷冰冰的，更不可有损被介绍人的尊严。

约翰·梅森·布朗是一位作家兼演讲家，一次他应邀在某地演讲，被会议主持人做了这样的介绍：

"先生们，请注意了，今天晚上我给你们带来了不好的消息。我们本想邀请伊塞卡·F.马科森来给我们讲话，但他来不了，病了（下面听众发出嘘声）。后来我们要求参议员布莱德里奇前来，可他太忙了（嘘声）。最后，我们试图请堪萨斯城的罗伊·格里根博士来，也没有成功（嘘声）。所以，结果我们请到了——约翰·梅森·布朗（肃静）。"

这段介绍语的本意并不想贬低布朗先生，却一次又一次地刺伤了其自尊心。之所以出现这样的失误和恶果，原因有二：一是介绍者将组织这次活动的过程报了一遍流水账，实际上完全没有这个必要，客观上产生了这样的效应；二是主观上考虑不周，或者根本没有考虑这样一些问题：如何尊重演讲者？如何促使来之不易的演讲活动取得成功？因此，从某种意义上讲，介绍语是介绍者认识水平、组织才能和表达才能的外现。

一次，某高校邀请话剧《光绪政变记》中慈禧太后的扮演者郑毓芝来演讲。主持人是这样介绍她的："同学们，今天，我们好不容易把'老佛爷慈禧太后'请来了（掌声，笑声，听众的情绪热烈起来）。'老佛爷'郑毓芝同志在戏台上盛气凌人，皇帝、太监、大臣见了都诺诺连声，磕头下跪，在台下却和蔼可亲，热情诚恳。她方才和我谈起，还曾扮演过《秦王李世民》中的贵妃娘娘，话剧《孙中山》中的宋庆龄。她是怎样把这些截然不同的人物演得栩栩如生的呢？下面就请听她的演讲（听众凝视主席台，热烈鼓掌）。

这番介绍语既幽默风趣、突出特点，又条理清楚、主旨鲜明，热情洋溢地把郑毓芝本人和她演的角色做对比介绍，并水到渠成地点明其演讲的主题，可谓十分得体，收放自如。

打招呼的时候让人感到温暖

寒暄又叫打招呼，是人与人建立语言交流的方法之一，是交谈的润滑剂，它能使朋友在某种场合心领神会，让不相识的人相互认识，使不熟悉的人相互熟悉，把沉闷的气氛活跃起来，为双方进一步攀谈架设友谊的桥梁。

1984年9月，中国与英国关于香港问题的第22轮会谈在钓鱼台国宾馆开始了。

中方代表周南和英方代表伊文思相遇并寒暄起来。

周南说："现在已经是秋天了，我记得大使先生是春天前来的，那么就经历了三个季节了：春天、夏天、秋天——秋天是收获的季节啊。"

这是发生在中英关系史上的一次重要谈判，时间是1984年秋季——达成协议的关键时刻，内容是我国对香港主权的收复问题。

周南在这次轻松的寒暄中，运用暗示、双关的手法，巧妙利用了交际的时令特征，即秋天的特点及其象征意义——成熟与收获，将我方诚恳的态度和希望以及坚定的决心，含蓄委婉地表达了出来。

这种寒暄意味深长，具有强烈的针对性和灵活的策略性，无穷之意尽在言外。

在我们的日常生活中，寒暄的主要形式有以下几种：

路遇式寒暄。就是在路途上或一些公共场所里遇到熟人，顺便打个招呼。一种是对经常见面的熟人握握手，说句"你好""上班去呀"，在路上骑车相遇，相互点点头，微笑一下，摆摆手，不用下车，擦肩而过。另一种是在路上遇到较长时间没有见面的熟人，这时不可以点头就过，要停下来多说几句。如有急事要办，则要与对方说清楚再离开，这是人际交往的基本常识。

会晤前的寒暄。如约见了面，或客人来了后，在交谈正题之前的问候。这是一种最常见的也是最起码的问候方式，如"您好""请进""请坐"等。另一种是特殊情况的问候方式，如对病人、老人、师长、好友，或是遇到大病初愈、长途旅行、身遭不幸等情况，寒暄问候则要格外体贴入微，暖人心扉。

寒暄的内容主要有以下几类：

关怀式寒暄。这是常见的寒暄方式，真挚深切的问候，对于加深人际间的感情，有着重要的作用。

激励式寒暄。就是在寒暄的几句话中，给人以鼓舞和力量。几句寒暄，就能给人以很大的激励。

幽默式寒暄。寒暄中加点幽默诙谐的成分，对协调交际气氛是很有帮助的，人际间良好的沟通与深切的友谊就是在这幽默的寒暄中建立起来的。

夸赞式寒暄。无论谁清早起来，接连听到几个诸如"您起得好早啊""您身体越来越好啦"的赞美式寒暄，一定会感到这一天的心情格外舒坦愉快。夸赞式寒暄也要讲点技巧，其中之一就是夸赞的内容最好要具体一些，这样才能产生较大的作用。

在寒暄中，应注意以下几点：

1.要注意对象。寒暄要因人而异，不要对谁都是一个调。

2.要注意环境。在不同的环境下，要进行不同的寒暄。

3.要注意适度。寒暄要适可而止，过多的溢美之词则会给人以虚伪客套之感。

总之，恰当的寒暄，能给不快的人以安慰，给久别重逢的人以关怀，给邻里亲友以欢乐，并由此沟通感情，联络友谊，促使人际交往达到水乳交融的佳境。

让别人愿意听你说话

有些人说话虽然在内容上不占优势，但他的说话方式却会给人一种非常舒服的感觉。那么，使对方愿意听我们说话并把他步步引入对话的绝佳境地有什么技巧呢？

1.风格明快

生活中大多数人不喜欢晦暗的事物，即使草木也需要阳光才能生长。同样，给人阴沉感的谈话，会让人有疑虑感、厌恶感及压迫感；反之，说话简洁明快，则容易让人接受。

2.声音独特

有的人说话的声音给人一种享受，因为他们的嗓音实在是很动人。他们谈话时，非常注意说话的声音，而选择说话的声音，完全依靠他们的天赋、个性及所要表达的情感而变化。有条件的话，你可自我充当对象，把自己的话录下来再仔细地听，你可能会吃惊地发现，自己说话竟有那么多毛病。这样经常检查，发音的技巧就会不断提高。

3.语气肯定

每个人都有自尊心，很容易因为某些微不足道的事就感到自尊心受损。如此一来，你要在谈话中稍不注意说话的方式方法，他会立即反射性地表现出拒绝的态度。所以要对方听你说话，首先得先倾听对方要表达些什么。所谓"说话语气肯定"并不是指肯定对方说话的内容，而是指留心对方容易受伤害的感受。

4.语调自然

自然的声音总是悦耳的，在交谈中我们应该注意，交谈不是演话剧，无论你用什么样的语调，都应自然流畅，故意做作的声音只能事与愿违。当你交谈的对象不是一个人，而是许多人时，应采用以下的技巧：当前一个人声音很大时，你开始说话时就可以压低声音，做到低、小、稳；当前一个人音量较小时，你的开始句就要略提高嗓门，清脆响亮，以引起大家的注意。

5.习惯用法

人类生存在当今的语言环境中，对于语言拥有自己的运用标准，一旦不符合标准，就会产生不协调的感觉，其中包括语气与措辞。在人际关系中，确实有必要根据实际情况或对方是谁而分别使用适当的语言。如果不分亲疏远近，一律以和同事谈话时的措辞来谈，那么对方将不会老老实实地听我们说话。

"太好了""好棒哟""真可怕"这些都是一般女孩子说话时常会冒出来的感叹词。当然，这也是一种感情洋溢的表现。一句话若没有抑扬顿挫，则流于平淡，引不起对方的兴趣，若能添一些感叹词，则能活跃彼此之间的谈话气氛，但要适可而止，过多的感叹词亦会抹杀言辞的重要性，使对方不能分辨你的意思。

6.思路清晰

当之前的谈话争论不休而且没有头绪时，你站出来讲话，就要力求语句简短，声音果断，有条理。

在大众场合发言时，你要想清楚自己讲什么，怎么讲，讲到什么程度。再者最好不要夹在中间，要么赶在前面，要么最后再讲，这样才能使人印象深刻。

获得他人好感的八种方法

说话也能获得别人的好感，我们建议可以从下面八个方面入手：

1.多提善意的建议

当一个人关心你时，只要这份关心不会伤害到自己，并且对方还提了一些善意的建议，你当然会欣然接受，对这个人产生好感。那么，反过来你对别人若也如此，别人也会同样对你产生好感。

满足他人自尊心最佳的方法就是善意的建议。当对方是女性时，仅说"你的发型很美"，只不过是句单纯的赞美词；若是说"稍微剪短，看起来会更可爱"，对方定能感受到你对她的关心。若是能不断地表示出此种关心，对方对你必然更加亲切信任。

2.偶尔暴露一两个自己的小缺点

有时坦率地暴露缺点，反而会迅速获得对方的信任，给对方留下一个正直、诚实的深刻印象。

但是，暴露自己的缺点并不是毫无保留地将所有的缺点都暴露出来，如此做，反而使人认为你是个毫无可取之处的人，因而丧失了对你的信任。

暴露的缺点只要一两个就可以了，可使他人把这一两个缺点和其他部分联想在一起，因而产生其他部分毫无缺点的感觉。但这绝不是狡诈，只是交际的策略和需要。因为也没有人会拿自己的缺点和别人交往。"这个人有点小缺点，但是其他方面挑不出毛病来，是个相当不错的人"类似上述的想法就能深深植入他人的心中。

3.记住对方所说的话

一位心理学家应邀去演讲，不料主办方却问他："请问先生的专长是什么？"他颇为不高兴地回答："你请我来演讲，还问我的专长是什么？"

招待他人或是主动邀约他人见面，事先多少都应该先收集对方的资料，这是一种礼貌。换句话说，表现出自己相当关心对方，必然能赢得对方的好感。

记住对方说过的话，事后再提出来做话题，是表示关心的做法之一，也是说话的策略之一。尤其是兴趣、嗜好、梦想等，对对方来说，是最重要、最有趣的事情，一旦提出来作为话题，对方一定会觉得很愉快。在面试时，不妨引用主考官说过的话，定能使主考官对你另眼相看并留下深刻的印象。

4.注意对方微小的变化

生活中，一般做丈夫的都不擅长对妻子表现自己的关心。比方说，妻子上理发店改变发型时，明明觉得她"看起来年轻多了"，却不做任何表示，因而使妻子心里不满，觉得丈夫不关心自己。

不论是谁，都渴求拥有他人的关心。而对于关心自己的人，一般都具有好感。因而，若想获得对方的好感，首先必须积极地表现出自己的关心。只要一发现对方的服装或使用的物品有些微小的改变，不要吝惜你的言辞，立即告诉对方。例如，同事打了条新领带时，"新领带在哪儿买的？"像这样表示自己的关心，绝没有人会因此觉得不高兴。

另外，指出对方与往日的变化时，愈是细微和不容易发现的变化，愈使对方高兴。不仅使对方感受到你的细心，也感受到你的关怀，转瞬间，你们之间的关系就会远比以前更亲密。

5.呼叫对方的名字

欧美人在说话时，常说："来杯咖啡好吗，莱克先生？""关于这一点，你的想法如何，莱克先生？"频频将对方的名字挂在嘴边。这种做法往往使对方涌起一种亲密感，宛如彼此早已相交多年。其中一个原因是他感受到对方已经认可自己了。

在我们的社会里，晚辈直接呼叫长辈的名字是种不礼貌的行为。但是，平辈之间借着频频呼叫对方的名字来增进彼此的亲密感，应是个非常有益于彼此交往的方法。

6.注意细节，投其所好

有位朋友有个奇怪的习惯，总是把他人名片的背面写得密密麻麻。与其说他是为了整理人际资料或是不忘记对方，倒不如说是为了下一次见面做好准备。也就是说，将对方感兴趣的事物记录下来，再度见面时，自己就可提供对方关心的情报作为礼物。即使只是见过一次面的人，若能记住对方的兴趣，比方说是钓鱼，在第二次、第三次见面时，不断地提供这方面的知识或是趣事，借此显示自己对对方的兴趣很关心，就必然使对方产生很大的好感。

或许有些人会认为此种做法太过于功利主义。事实绝非如此，这种做法的确出于对对方的关心，更何况对对方也是真正有益的。若能经常保持此种姿态，结果必然能将一般通用的话题化为己身之物。换句话说，以长远的目标来衡量，此种做法能成为表现自我的有力武器，以此迅速获得对方对自己的好感和信任。

7. 温暖的微笑

我们在与人交往中，不管是同意人家的意见还是不同意，都不要摆出一副冷冰冰的面孔，谁也不愿意和态度冰冷的人谈话。即使是出于某种无奈而非谈不可，在心底也已经产生了反感。试想，这样的谈话能有好结果吗？因此，我们在交往中要学会笑，学会用笑给人以温暖。不论对方是谁，有怎样的见解，如何让人讨厌，那你可以不和他交谈或躲开，摆一副冷面孔总是无益的。有这样一个故事：

飞机起飞前，一位乘客请求空姐给他倒一杯水吃药。空姐很有礼貌地说："先生，为了您的安全，请稍等片刻，等飞机进入平稳飞行状态后，我会立刻把水给您送过来，好吗？"15分钟后，飞机早已进入了平稳飞行状态。突然，乘客服务铃急促地响了起来，空姐猛然意识到：糟了，由于太忙，忘记给那位乘客倒水了。空姐来到客舱，看见按响服务铃的果然是刚才那位乘客。她小心翼翼地把水送到那位乘客跟前，面带微笑地说："先生，实在对不起，由于我的疏忽，延误了您吃药的时间，我感到非常抱歉。"这位乘客抬起左手，指着手表说道："怎么回事，有你这样服务的吗？"无论她怎么解释，这位挑剔的乘客都不肯原谅她的疏忽。

接下来的飞行途中，为了补偿自己的过失，每次去客舱给乘客服务时，空姐都会特意走到那位乘客面前，面带微笑地询问他是否需要水，或者别的什么帮助。然而，那位乘客余怒未消，总摆出一副不合作的样子。

临到目的地前，那位乘客要求空姐把留言本给他送过去。很显然，他要投诉这位空姐。等到飞机安全降落，所有的乘客陆续离开后，空姐紧张极了，本以为这下完了，没想到，等她打开留言本，却惊奇地发现，那位乘客在本子上写下的并不是投诉信，相反却是一封热情洋溢的表扬信："在整个过程中，您表现出的真诚的歉意，特别是你的12次微笑，深深打动了我，使我最终决定将投诉信写成表扬信。你的服务质量很高，下次如果有机会，我还将乘坐你们的这趟航班。"

空姐看完信，激动得热泪盈眶。

8. 谦虚是一种美德

谦虚之所以受到尊崇，就因为它是做人的美德及事业成功的法宝，但是，在现实生活中，谦虚也并非想做就能做到，有的人得到领导的表扬、同事的夸奖，内心里着实想谦虚一番，却找不到适当的表达方法。要么手足无措、面红耳赤、支支吾吾，要么说一些"归功于集体、归功于人民"的套话，听起来让人觉得虚假。

那么，在社交场合，不同的时间，不同的环境，不同的氛围，如何用不同的方式表达自己的谦虚，才能给人留下一个良好的印象呢？

转移对象。如果表扬或赞美使你感到在众人面前窘迫的话，你不妨想办法转移人们的注意力，使自己巧妙地"脱身"，把表扬或赞美的对象"嫁接"到别人的身上，但要有所依据，不然也会显得空和假。

妙设喻体。直言谦虚，固然可取，但弄不好会给人一种虚假的感觉。特别是两个人之间，如果仅仅说"你比我强多了"这类的话，容易有嘲讽之嫌。遇到这种情形，你不妨用一个比喻方式，巧妙地表达自己的谦虚。

自轻成绩。任何称赞和夸奖，都不可能毫无缘由，或者因为某件事，或者因为某方面的成绩。这时你不妨像绘画一样，轻描淡写地勾勒一笔，却在淡泊之中见神奇。

相对肯定。面对别人的称赞，如果把自己说得一无是处，不但起不到谦虚的作用，反倒给人一种傲慢的感觉。正如俗话所说："过分的谦虚等于骄傲。"现实生活中，类似这样的情况屡见不鲜。所以，谦虚要掌握一定的分寸。

征求批评。面对人们的赞美，诚恳地征求大家的批评，这是表现你谦虚精神的一种最有效的方法。但要注意适当适度，不然虚心也就变成了虚假。

我们在社交生活中，可以根据不同的场合、不同的环境、不同的交际对象，去不断突破自我，虚心学习。

只要虚心而诚挚，努力追求谦虚的品格，在谈话时保持平和坦诚的态度，尊重对方，就一定会成为一个受人敬重的人，说话的分量也会相应增大。

时刻不忘说一声谢谢

在任何一部汉语词典里，很少有词语一讲出就能立刻赢得一个人的好感，起到化敌为友、抚平自私心理、提升自尊心的作用。然而，"谢谢"这个词却有这个魔力。但"谢谢"却常常被人轻视，或因太简单而被忽略，以致我们中的许多人因此而与好人缘失之交臂。我们常常听到这种抱怨，"我并不介意做所有这些事，只要他每次能说声'谢谢'"，甚至说，"我为她做了那么多，她连声'谢谢'都不会说"。

说声"谢谢"本是世界上最容易、也是最为可靠的办法，如果你想成功地开展工作和让别人积极合作的话，一定要高频使用这个词。

那么，在交际中，怎样说谢谢呢？表达谢意可以用很多方式说出来。然而，无论被怎样打扮，譬如，用鲜花、午餐回报，或者其他方式，这个词，或它的一种变化，一定要说出来或写下来。以下是一些传播这个不起眼但绝对重要的信息的方法。

1.说出谢谢。告诉他，他为你做的对你来说是很重要的，或他在哪一方面帮助了你："我真的非常感谢你对我在学习上的帮助。"

2.给予赞扬。让他知道你认为他为你做的事是很特别并值得珍藏的："谢谢你，我想我会记你一辈子。"

3.予以回报。告诉他你感谢他为你做的，并准备回报这个好心人：

"我很感激你能在开顾问会议时回我的电话，以后只要有用得上我的地方，请随时找我。"

4.写个条子表示谢意。说声谢谢是很有作用的，但写下来会更胜一筹。不妨亲笔写一个条子表达你的谢意。

5.电话致谢。"我打这个电话只是为了感谢你……"

6.送份礼物。送份礼物并附上一张便条。只要你送的礼物能够非常适当地表达出你的感谢，送什么并不重要。一个老板请他的秘书去看了场一流水准的高尔夫球赛。为了表示感谢，她买了一个独特的礼物——一个高尔夫球棒的缩微模型，然后写了个感谢的便条放在礼品盒里一并送给了他，老板收到后深感欣慰。

7.传达谢意。告诉别人你有多感谢他为你所做的一切，最后这话一定会传到给予你帮助者的耳朵里去："王敏这人真好，她帮我安排了那次会议。要是没有她的帮忙，我真不知该怎么办好。"当你的谢意通过别人的嘴传到她的耳朵里时，定会增色不少。

8.提供帮助。与他们在一起，主动提出为他们的工作助一臂之力。比如，帮助校对一则长篇报道："我来帮你干这事儿。甭客气，你帮我的次数可太多了。"

9.请客吃饭。邀请你要感谢的人去吃午餐或晚餐，一定要表明你这是为了感谢他的帮忙。如果你邀请的是已婚者，应当把他的配偶一并邀请去。

10.报答捐款。如果一个环境学家曾用心地报道过你的一篇论文，不妨为他心爱的环保事业捐一笔款，这也许是对他最好的感谢。但也别忘了说"谢谢"。你可以打个电话或写个便条去感谢他，并告诉他你所做的。他一定会为你所做的事和自己曾经所做的事感到高兴。

Part3 看人说话：对不同的人说不同的话

　　你要说话，先要看准对象，他是愿意和你说话的人吗？如果所遇非人，还是不说为好；这个时候，是你要说话的时候吗？如果时候不对，还是不说的好。说话的成功与失败，诚然与你的说话技术有关，而是否得其人得其时，也与你说话的成败有很大的关系。多说话，别人未必当你是能干，少说话，别人也未必当你是呆子。

看准对象再说话

同样一句话，你对甲说，甲肯全神贯注地听，你对乙说，乙却顾左右而言他。这时候对甲说，甲乐于接受，另一个时候对甲说，甲却觉得不耐烦。这表明甲乙两个人的生活环境不同，或甲前后的心情不一样。

当年赵高要陷害李斯，对李斯说秦二世的行为不对，劝李斯进谏，并约定秦二世有闲时，代为通知李斯。有一天李斯应约进宫，秦二世正与姬妾取乐，看见李斯进来，心中很不高兴，而李斯却茫然无所知，直言进谏，秦二世只好当场敷衍一下。等李斯一退出，秦二世便开始发牢骚，说丞相瞧不起他，什么时候不好说，偏在这个时候来啰嗦！李斯的杀身之祸也就是因为如此。

可见你要向对方说话，应该注意什么时候最适宜。对方正在工作紧张的时候，不要去说话；对方正在焦急的时候，不要去说话；对方正在盛怒的时候，不要去说话；对方正在放浪形骸的时候，也不要去说话；对方正在悲伤的时候，更不要去说话。只要有上述几种情形之一，你去说话，一定会碰一鼻子灰，不但说话的目的达不到，还会遭冷遇。

你有得意的事，就该与得意的人谈；你有失意的事，应该和失意的人谈。和失意的人谈你得意的事，你不但不知趣，简直是挖苦、讥讽他，他对你的感觉只会更坏，不会变好的。和得意的人谈你失意的事，他至多与你做表面的应付，决不会表示真实的同情，有时还可能引起误会，以为你是要请他帮助，他会预先防备，使你无法久谈。所以你要诉苦，应找同情形的人去诉，同病自会相怜，不但能得到精神上的安慰，亦可稍抒胸中不平之气。你要谈得意事，应该和得意的人去谈，志同道合。年轻人涵养功夫不够，稍有得意的事，便逢人就说且自鸣得意，结果招人骂你器小易盈，笑你沾沾自喜，无意中还会惹得别人妒忌。偶有不如意使你觉得满腹牢骚，如鲠在喉，不免逢人就诉，结果惹人讨厌，说你毫无耐性，甚至笑你活该。

总而言之，你要说话，先要看准对象，他是愿意和你说话的人吗？如果所遇非人，还是不说为好；这个时候，你是要说话的时候吗？如果时候不对，还是不说话的好。说话的成功与失败，诚然与你的说话技术有关，而是否得其人得其时，也与你说话的成败有很大的关系。多说话，别人未必当你是能干，少说话，别人也未必当你是呆子。

不妨从对方得意的事情说起

每一个人都有自认为得意的事情，这事情的本身，究竟有多大价值，是另一个问题，而在他本人看来，却认为是一件值得终身纪念的事。你如果能预先打听清楚，在有意无意之间，很自然地讲到他得意的事情，只要他对你没有厌恶的情绪，只要他目前没有其他不如意的刺激，在情绪正常的情况下，他一定会高兴听你说。

你在说的时候当然要注意技巧，表示敬佩，但不要过分推崇，否则反而会引起他的不安。对于这件事情的关键，要慎重提出，加以正反两方面的阐述，使得他认为你是他的知己。到了这种境地，他自会格外高兴，自会亲自演述，你该一面听一面说几句表示赞赏的话，如此一来，即使他是个冷静的人，也会变得和蔼可亲，你再利用这机会，稍稍暗示你的意思，作为第二次进攻的基点。

不过对方得意的事情要从哪里去探听，那当然要另谋途径，看看你的朋友之中，有否与对方有交往的人，如果有，向他探听当然是最容易的。你如能留心报纸上的新闻或其他刊物，平日记牢关于对方的得意事情，到时便可以应用。此外，随时留心交际场中的谈话，像这些时候谈到对方得意的事情，也是很平常的事。对方在高兴的时候，你的请求易于被接受，对方不高兴的时候，虽是极平常的请求，也会遭到拒绝。比方他新近做成一笔发财的生意，你去称赞他目光准、手腕灵，引得他眉飞色舞，乘机稍示来意，也是好机会。诸如此类的例子很多，全在于你随时留心，善于利用。

不过当你提出请求时，第一要看时机是否成熟，第二说话要不卑不亢。过分显出哀求的神情，反而会引起对方藐视你的心理。你的心里尽管十分着急，说话的表情，还是要表示大方自然，并且要说出为对方着想的理由来，而不是为你自己打算。

措辞一定要因人而异

我们在与人交往的时候，如果所讲的事情能够带来心灵的变化，那么，其结果也将改变人际关系。

听了这话，或许你会反驳说："难道所讲的事情都必须是好事？""难道跟每个人说话都一定要很客气吗？"其实，这种想法过于单纯。你所讲的事情与你讲话的方法，应该视与对方的交情深浅而变化，这也是语言的技巧问题。

有关措辞的使用，对于上级或不太亲近的人，要用敬语，对小孩就用对待小孩的语言。

也就是说，如果对任何一种人都用同样的措辞、同样的口气说话，人家岂不会认为你这个人有毛病？也可能你在使用敬语时，对方会说"竟然提到那样的事，这还算是朋友吗？"或是"千万别说那种见外的话，我们交往了多年，应该说是好朋友了。"这就是你的措辞不当造成的。

因此，正确的措辞和表达方式，是依靠彼此的亲疏关系而定的。不管何时，如果对任何人都以同样的方式进行交谈，总有地方会发生矛盾，重要的是在交谈前就要分清楚。轻浮而善于逢迎的人多失败在这上头。

是否能正确地衡量他人与自己的关系，这是各人的教养，也是为什么有教养的人说起话来总让人感到如沐春风的原因所在。

分辨对象说话的技巧

古语中有一个词叫"拾人牙慧"，将这个词用到与人交往时说话的技巧上可以说是恰如其分。

首先，应先了解对方的一些经历和生活状况，也要特别了解他的生活愿望和生活观点。

其次，必须注意对方的心境特征。如果在交谈当中，不顾对方的心理变化，而一味地将想法统统搬出来，那么，你是得不到他的认同的。一厢情愿的谈话往往会让对方厌恶。

不该说话的时候说了，是犯了急躁的毛病；该说话的时候却没有说，从而失掉了说话的时机；不看对方的态度便贸然开口，叫闭着眼睛瞎说。在交谈过程中，双方的心理活动是呈渐变状态的，这就要求我们在和人交谈中应兼顾对方的心理活动，使谈话内容和听者的心境变化相适应并同步进行，这样才能让交谈者达到态度明朗化，引起共鸣。

性格外向的人易于"喜形于色"，和他可以侃侃而谈；性格内向的人多半"沉默寡言"，则应注意言语委婉、循循善诱。

再次，必须考虑到对方的反应。前不久，有位外国旅游者在旅华期间自杀了，为了减少话语的刺激性，经再三推敲，最后在死亡报告书上回避了"自杀"两字，而用了"从高处自行坠落"这一委婉语。在中国北方，老人故世了，以"老了"讳饰；老干部故世了，以"见马克思去了"讳饰，类似有不下几十个同义讳饰词语。再如，生活中对跛脚老人，改说"您老腿脚不利索"；对耳聋的人，改说"耳背"；对妇女怀孕说"有喜"。总之，在语言交流中讲究讳饰，也就是"矮子面前莫说矮"，应做到"哪壶不开就别提哪壶"。其他如，长途汽车停靠路边，让旅客如厕以"让各位方便一下"来避讳，用餐时需上厕所，一般以去"洗手间"来避讳。在社交场合用这些讳饰式的委婉语，不至于大煞风景。

如何与名人交谈

与名人说话时，不要有害羞畏怯的心情，只要真正表现你内心的意思，你就能与任何名人开口说话。有些人对名人只是一味地说些奉承话及空洞话，这样是不能使对方愉快的。如果你是真诚的，那你就把深烙在内心的印象说给对方听，对方会深深感到愉快，但所用的措辞和说话的态度都要得体。你可以把他视为一位有血有肉的人来对待，对他提出一些能够表达感情的问题，不要把他视为什么超人。他也实实在在像任何人一样，敌不过疲倦，也承受不住伤害。他们可能比你更脆弱，而且与你一样害羞。不要认为他的人格真的就如他借以出名的职业一样，他向公众所投射的信心、睿智、仁慈、滑稽或性感等影像，实际上往往并非真实的。

当你同时应付两位名流时，不要只顾你所景仰的一位，而置另一位于不顾，这会使他们两位都不自在。你应该说，遇见两位，真是使人兴奋，如果你想和他们继续交谈，那么你必须保证话题是他们二位都能参与的。换句话说，你要确保三人谈的方式。如果你对另一位名人并不熟悉，而且在经过介绍之后，你仍想不起有关他的任何事迹，你也不能对他有所疏忽。你必须一视同仁，表现出同样的热情和友善。

不喜欢说话的名流，包括外貌滑稽突出而似乎容易亲近的喜剧演员在内，他们在舞台上已经笑到了极限，因此，在真实生活中是再也无法幽默的。作家、诗人、画家、音乐家等，从事创造性工作的人，虽不大喜欢说话，但这些人往往对政治乃至于宗教，都有广泛的兴趣。他们在社交场合也许不活跃、不自在，但他们有启发人们思想的独到之处，你和他们说话必须耐心，不要轻易动怒，也不要太热切，要温和、冷静和体贴，就像应付任何敏感的人一样。

名人往往比寻常人做更多的奉献，而且也有私人的嗜好。当你准备去拜访某位名流时，你可以预先做点谈话内容的准备，如果他是位知名度很高的名人，那么，你可以向有关方面的人去打听。比如，他被邀来本地做演讲，而你想与他结识，那你即可向邀他来的单位或个人索取有关他的资料。

名气一般的名人，总是生活在情绪不稳定的状态中，他们内在的恐惧使他们脆弱敏感，别人稍有疏忽就会激怒他们，而且他们也容易傲慢。然而，他们绝对需要你的尊重和顺从，他们的名气愈小，对于亲切、尊重的需要也就愈大。

褪了色的名人，也就是过时的名人，最好采取迂回的战术，也即通过第三者来了解他的问题。你的开场白应当是积极的，如"这些日子以来你是如何打发的呀？"或"我们很久没有见你在公众场合露面，你去哪儿了？"或"这么久不在舞台上露面，觉不觉得无聊呢？"这些话等于当头泼他一盆凉水。消极的开场白，要尽量避免，这无论如何也无法使他表达他的真情了。这样接下去的话，都会成了废话。

在多数情形下，与名人谈孩子是不会错的。你可以问对方有几个孩子，多大了，他们现在在哪儿，以及孩子读的学校好不好，学习成绩如何。如果你也当了爸爸或妈妈，那么，你就更具备和他们谈孩子的资格了。你可以告诉他们，你的孩子已经长大，或和对方的孩子同龄，你也可以向他们表达，你对孩子蓄长发的感觉，或孩子喜欢搜集小动物等等。但话题不要扯得太远，要适可而止，更不要把所有的隐秘都抖出来。

我们与大人物接近，最重要的就是不要忽略了他们也是人，对待他们要完全像对待平常人一样，他们也有欢乐、有悲伤、有缺点、有痛苦、有惊恐，和平常人一样有感情，他们并不是上帝或神，他们并不因为有了地位就不再是人。他们是和你一样的，这是你和他们接触最坚实的基础。

如何与富人说话

有钱人比名流还要敏感，他们的富有往往是别人与他们谈话发生困难的关键，他们的财富使你对他们敬而远之——不只是心理上，实际上你的生活方式就和他们有很长的一段距离。

他们和你之间的谈话材料很有限，或者你可能认为，你和他们之间没有谈话的余地了。你当然可以这样使自己获得心理上的平衡，不能谈就不谈，反正于己也无损失。不过，假定你偏巧遇上了一位富翁，不管他是不是你的老板，你不知所措地呆站一旁，总是不好受的。

当你遇到有钱人时，你可以设法让他说往事。过去的工作是否比现在更有趣？他爬到现在这个位子的关键是什么？谁是早年助他成功的英雄？当年的老板是否使他紧张？他的百万财富是不是他自己创造的？他是怎样赚到他的第一桶金的？如果这些问题问得他不大自在，你就准备跳到其他问题上去吧。不要盯着问，那会很不愉快的。

如果他不愿意打开他的记忆之门，你就问他的工作时间，问他如何承担那么重大的责任，问他爱好哪些休闲活动，以及怎样布置他的办公室，很多有钱人的办公室，布置得就像豪华气派的皇宫一样，很有一谈的余地。同时记住，特别是当对方是一位医生时，不要忘了他也是血肉之躯，也是一个普通的人，你也可以和他谈谈他的健康问题。

大富的人如果是一位妇女时，不管她出于哪一途，人们对富婆的看法往往有失公平，甚至流于残酷。她们的背后有很多流言，比如说她们的成功靠的是无情，她们是残忍、掠夺成性的怪物。纵然同是女人也一样，她们对富婆往往持有偏见。

你对富翁们提出有关事业上的问题，也许可以这样表白你的意见：这次能认识您，真令人高兴，我有一个困扰很久的小问题，我想您也许能解开我的迷惑。我发现有些公司生产的酱油，瓶盖很难打开，我奇怪何以要封得那么紧呢？你所表达的是同一个意见，但其中有很大的不同。这种表达的方式，显示出你对问题的关切，而你又未指名道姓地说出他的产品。你请他解答你的迷惑，你的立场是消费者，是外行人，而他是非常能干的大富翁。他会乐意答复你的问题，因为你是他的听客，不是向他挑战来的。

当你和银行家、鞋店老板或任何孩子的母亲谈话时，均不宜过分直率。坦率是无可厚非的，但适当的含蓄更值得学习。当我们说，"你是怎么能使这么多人来光顾你这地方的？"和我们说"你这地方何以总是乱成一团？"往往所表示的意思是一致的，但是，你要知道，前者是不会使人难堪，而后者常会引起听者的羞怒。那么，我们何以不取前者呢？

说话不是竞争，不是斗嘴。商人把他们的时间和金钱都投资在他们的事业之中，并与其他的同行竞争，这是他们为争生存所付出的代价，其中有些人发达起来，有些奋力维持。如果他们能遇见一位能和他们交换意见而没有敌意的人，他们会觉得幸福和快慰，如果你能发现他们可引为尊荣的地方，以及他们觉得有成就和有价值的地方，那么，你们就能缔结有建设性的友谊。

在什么山上唱什么歌

人只要有一点长处，就值得同他交往。而你所交往的人，都或多或少的各有长处。

心理学原理告诉我们，在不同的场合环境中，人们对他人的话语有不同的感受、理解，并表现出不同的心理承受能力。比如，在小场合和大场合，家庭场合与公众场合，人们对于批评性说法的承受能力有明显的差异。通常在公众场合中使用指责性说法最易引起人们的反感。试想，如果这次批评是在两个人之间进行的，对方一般也决不会顶撞，可能会很平静地接受批评。

正因为受特定人际关系和场合心理的制约，有些话只能在某些特定场合里说，换一个场合就不行。因此，在人际交往中，说什么，怎么说，一定要顾及场合环境，才有利于沟通。不顾及场合的心直口快是不值得提倡的。为了追求理想的表达效果，对于心直口快者来说，起码应注意这样几个问题：

1.要在思想上强化场合意识

有些人在交际中对人说话直出直入，惹人生气，把事情办砸，完全是主观上缺乏场合意识的结果。他们对人很诚实，遇事时往往只从个人的主观感觉出发，以为只要有话就应该说，心里有什么嘴上就说什么，不管什么场合环境就往外捅，结果有意无意地冒犯了人，自己还莫名其妙，不知道毛病出在哪里。有两个老工人平时爱开玩笑，几天没有见，一见面就说："你还没有死呀？"对方也不计较，回一句："我等着给你送花圈呢！"两个人哈哈一笑了事。后来甲因重病住进了医院，乙去医院看望，一见面想逗逗他，又说："你还没有死呀？"这一次，甲的脸一下子拉长了，生气地说："滚，你滚！"把他赶了出去。人家正在病中，心理压力很大，乙在病房里对着忧心忡忡的病人说"死"，显然是没考虑场合，人家怎能不反感、恼火？其实，这位老工人说这话也是好意，想让对方开开心，只可惜他缺乏场合意识，开玩笑弄错了地方，才闹出了不愉快。

这个事例说明，有些人说话所以惹恼人，并不是他们不会说话，而是场合观念淡薄，头脑中缺这根弦。所以，对于这些人来说，当务之急在于增强场合意识，懂得不同场合对说话内容和方式的特定限制和要求，时时不忘看场合说话。应当努力做到在每次投入交际活动时，要把场合大小，人数多少，及其相互关系搞清楚，据此确定自己的说话内容和方式。在具体说法上，既要考虑自己的交际目的，又要顾及他人的"场合心理"，追求主客观的高度一致。

2.要自觉摆脱谈吐上的惯性

人们的言行往往带有一定的习惯性。有些不当的话语并不是主观上想这样说，而是受习惯的支配一不留神顺嘴溜出来，造成与场合环境的不协调，事后连他们自己也感到后悔。比如，小李陪妻子高高兴兴地上街买东西。在熙熙攘攘的商场里，妻子兴致很高，从这个柜台到那个柜台，买了这件，又看那件，快到中午了仍没有打道回府的意思，小李有些不耐烦了。当妻子提出再买一件高档羊毛衫的时候，他忍不住，生硬地说："你还有完没完，见什么买什么，你挣多少钱哪？"这句话刚出口，顾客们都朝他们这边看，妻子本来微笑的脸顿时拉了下来，生气地反驳道："怎么，我还没有花够钱呢，你急什么？我就要买，怎么着！"直把小李顶得说不出话来，难堪极了。接着发怒的妻子也不买东西了，自顾自地走出商店。使小李不解的是，妻子的性格本来很温顺，在家里从来不大声说话，更不要说发火了，说她什么都不计较，可今天为什么她的火气这么大呢？很显然，是小李忽略了场合因素，把在家庭中惯用的说法拿到公众场合来，用生硬口吻指责妻子，刺伤了妻子的自尊心，才引发了妻子为维护自己的面子而表现出的强硬态度。

所以，心直口快的人必须有意识地摆脱自己口语表达上的惯性，养成顾及场合、随境而言的良好表达习惯。在交际活动中，要把交际对象、交际场合、交际时间等多种相关因素都考虑进去，想一想如何张口，选择最恰当的方式说话，以使自己的谈吐既符合场合要求，又符合对象的接受心理，从而最大限度地实现与交际对象的沟通。

3.要善于控制自己的不良情绪

经验证明，人们忽略场合因素，造成语言失控，还常常发生在情绪冲动之时。比如，有的人喝酒之后，或遇到兴奋事情时，情绪十分激动，甚至忘乎所以，不能自控，便会说出一些与场合气氛不协调的话来，造成不良后果。有个特能侃的青年，在朋友的婚礼酒席上，大侃自己的见闻，逗得人们哈哈大笑。不料他心血来潮，讲起了一个新婚之夜新郎杀死新娘的奇闻。还没等他说完，新娘的脸色就变了，新郎见状也火了，不客气地把他轰了出去。

怎样与老年人谈话

"不听老人言，吃亏在眼前"，这句中国老百姓耳熟能详的俗语，从一个侧面证明了人们对老年人智慧的肯定。所以与老年人交谈往往能给我们许多人生的启示。所谓老人的智慧，通常都是在与他们的谈话中体会到的。

但是仔细观察就会发现，喜欢与老年人交谈的青年，甚至中年人都太少了。他们或者埋怨老人说话啰唆，或者认为他们所说的话题陈旧，或者认为他们思想保守，殊不知他们错过了分享老人智慧和经验的大好时机。

一般人是很难跟比自己年长三十岁以上的人谈得来的。三十年是一段很长的时间，生活方式、兴趣爱好、教育程度、社会风俗以及思想观念都发生了剧烈的变化。各方面距离都那么远的人，实在很难有共同志趣。

在这种情况下，同情和了解可以产生良好的融合作用。老年人多半喜欢追忆往事，如果你能引导他谈谈自己的过去，不但对他是一件很快乐的事，对你又何尝不是一个难得的机会？能够听到一个人亲口告诉你三十年前或是五十年前的事情，这是十分难得的。

经过时间的淘汰和岁月的流逝，那些仍然深刻地留在老人们心中的，多半是一些印象深刻而生动有趣的故事。

有些老年人生命力还相当旺盛，仍然关心着现在的社会，对报纸上的新闻仍然产生着浓厚的兴趣。那么，最好是让他们把现在的事情和过去作个比较。这不但是他们最喜欢的，同时也是年轻人最感兴趣的。

因此，年轻人在与老人谈话时要了解老年人以上的这些特点，并做好充分的聆听准备。一般来说，采取以下几种方法是比较受老年人欢迎的：

其一，从老年人过去光荣的历史谈起。例如，谈谈老年人过去得到的荣誉，老年人最喜爱的纪念品，老年人最清楚的历史事件等。

其二，从老年人感触最深的话题谈起。例如，老年人的经历和今昔对比，老年人过去唱过的歌，老年人的日记或他们所读过的书等。

其三，从老年人最关心的问题谈起。例如，老年人的衣食住行，老年人的保健及体育活动等。

其四，从老年人最尊敬和最关心的人谈起。例如，老年人所尊敬的爱国英雄、无产阶级革命家、他们的老上级、他们的老师等。

如何与异性谈话

　　谈话中的尴尬场面常见于异性之间，特别是当一个人面对两个或两个以上的异性时，他会无形中感觉到一种心理的压力，而这种压力会使得他的谈话毫无章法，这是我们必须引起注意的。

　　通过观察，我们很容易发现一个男人和一个女人，或几个男人和几个女人，谈话的局势可称半斤八两，谈话的平行发展是不成问题的。但是，如果一个男人置身于几个女人之中，或一个女人置身于几个男人当中，情形就有些不同了。

　　一个男人最为苦恼的，就是他置身在几个女人当中的时候，不易找到一个插入谈话的机会。有些女人不会为旁边的那个男人着想，她们开始谈头发、谈衣服、谈佩饰、谈鞋和丝袜，所论及的都是那么琐碎，以致那唯一的男人虽不完全外行，但也不好意思插进去说上几句，这该怎么办呢？

　　如果不愿意守缄默，又不便离开，他必须设法打破这个局面，应该设法把谈话的范围引到较广阔的境界去。他不能谈政治、谈社会问题，在女人占优势的场合中，这些题目决不会引起她们的兴趣和共鸣的，除非她们是一群女权运动者或社会活动家。他应该在她们最感兴趣的焦点中寻找话题：

　　"听说外国人最近发明了一种新的纤维，织成丝袜，可以久穿不坏。"像这样的一句既投其所好，又引起她们好奇的话，是一句很适当的转换话题的开始。这以后，他可以渐渐转入外国人的发明事业，再转到电影、风俗习惯等，以一种主动的姿态将她们刚才所谈的头发啦、衣服啦、装饰啦等之类的话题抛到九霄云外，使她们把注意力转移到他的话题上来，这样就不至于受冷落了。

至于一个女人在许多男人当中时，情形就和上述的例子不同了。不消说，男人与男人之间所谈的话题是广阔的，也许是政治，也许是经营之道，也许是社会问题，也许是国际形势。在这种场合中的女人，可以一直保持缄默，但必须保持一种倾听的态度。如果一个女子要想办法把话题转移到发式、衣饰方面，那几乎是不可能的，男人们绝不会对这类话题保持长久的兴趣。

Part4 话随境迁：用好情境的微妙关系

　　交谈时，说和听双方对话语的采用或理解，都要受特定场合的影响和制约。就说的一方来说，无论是话题的选择，还是话语形式的采用等，都要根据特定场合的需要来确定。

好口才就是要顾及场合

所谓"境"，有社会环境、自然环境和说话的具体场景。这里指的主要是说话的具体场景，即由一定的时间因素、空间因素和交际情景有机组合成的语言交际场合。交谈时，说和听双方对话语的采用或理解，都要受特定场合的影响和制约。就说的一方来看，无论是话题的选择，还是话语形式的采用等，都要根据特定场合的需要来确定。

例如，在说话话题上，在人家办喜事的场合，就不要谈使人丧气的话题；在人家悲痛的时候，一般忌谈逗乐的话题；在大庭广众中作演说、作报告，应当讲严肃的话题，而且话题要求集中；如果是聊天，则可以不断转换话题，甚至离题也有离题的乐趣。

从话语形式来说，一般需要按照常规形式说话，而在特定场合又可灵活变通，组成特殊的话语形式，这样反而能够收到更为理想的效果。

首先说话一般要求语句完善，符合语法规范，但在特定场合，却允许而且需要组织结构特殊的话语来传递信息。

例如，当汽车快到十字路口而司机仍未减速时，旁边的人只需提醒："红灯？"司机便会立即做出减速、刹车的反应。此时若旁边的人说出这样结构完整的复句："前面遇上红灯，这是不准前行的讯号，你应当减速停车，以遵守交通规则，保障安全。"人家不说你有精神病，至少也会认为你这人"迂"得可以了。

因为司机头脑里早已储存有途中可能遇到的那些情况和应该做如何处理的信息，因此，只需用极简短的话语提示，他就立即会调动大脑中储存的有关信息去补充。这时的话语要特别简明，语气要特别急促。

虽然说话一般要求前后连接，语意明晰，但在特定场合又不得不采用断续跳落，甚至话题飞转的话语形式。

例如，当汽车停站后又启动时，忽听得一声急促的叫喊："车，车，车？——我还没下哩。"原来是一位妇女由于抱着小孩，东西又多，来不及下车。妇女这话孤立起来看，意思不连贯也不明确，但由于环境的参与，意思又是很明确的，加上词句的简明，语气的急促，效果十分强烈。还有，如语音的纯、杂也可以依具体场合加以调整。一位老学者回到阔别已久的故乡讲学，在适当的时候忽然冒出一两句地道的故乡方言，就会收到意想不到的效果。

注意说话的语境

说话的语境，即指语言本身所产生的说话环境、氛围等，是说话艺术中最不易把握的也是最常见的一种现象。不同的语言表达不同的内容，产生不同的气氛，如果不注意说话的语境变化，我行我素，一意孤行，不知变通，不仅起不到说话的效果，有时反而会使谈话无法进行下去。

一位早年毕业于某高等院校中文系、勤勤恳恳工作了几十年的老教师退休了，为此，学校为他和另一位曾多次荣获过"先进"的退休老同志一并举行了一个欢送会。

与会同志和领导对他们的工作和为人进行了热情洋溢而又非常得体的肯定和赞扬，相比之下，对那位曾多次荣获过"先进"的老同志的美誉尤多。当轮到两位受欢迎的退休老同志致答谢词的时候，他们对大家的赞誉做了深情的感谢。

一时间，会场里充满了一种令人动情的温馨气氛。作为答谢，话本该说到这里为止，然而，那位老教师却并未就此打住，却由人们对另一位"先进"的赞扬引发了感触，并做了颇为欠妥的联想和发挥："说到先进，很遗憾，我从来也没有得过一次……"话音未落，坐在他对面的、平日与他相处得不很融洽的一位青年教师突然抢过话头："不，那是我们不好，不是你不配当先进，是怪我们没有提你的名。"话语中带着一种不肯饶人而又让人难堪的"刺"，冷不防，老教师的眼角眉梢被"刺"出了感伤的表情，一时间会场中出现了一种怏怏不悦的尴尬气氛。

一位领导见势不对，马上接过话茬儿，想把气氛缓和一下。照理说，这时，他应避开"先进"这个敏感的话题，转而谈论其他。然而，他却反反复复劝慰那位退休老教师，叫他对"先进"的问题不要在意，说没有评过"先进"，并不等于不够"先进"，"先进"不仅在名义，更要看事实。如此等等，一席话等于是把本应避而不谈的话题做了重复和引申，使本已尴尬的局面变得更为尴尬。

注意说话的时境

时境是诱发说话的欲望、内容的本源。

人们说出来的每一句话，都是观念形态的东西。马克思说："观念的东西不外是移入人脑的并在人脑中改造过的东西而已。"说话是意识活动的产物，不管是客观地介绍情况，还是主观地抒情议论，从根本上说，都只能来源于客观现实。因此，说话的欲望、内容等，都是说话人所感知的客观事物"移入"人脑之后产生的刺激诱发出来的。斯米尔诺夫在《心理学的自然基础》中指出："意识的根源不应到脑的外部，而应该到人的社会生活——人们最复杂的意识活动形式的真正源泉中去寻找。"

不爱说话的人，在令他兴奋的场合，也常常说起来没完没了。相反，爱说话的人，在特殊的环境中，也会缄默不语。无论爱说或不爱说话的人，其说话欲望的诱发，都是与时境有关的。人们常说"有感而发"，就是有感于说话的时境而发的。

有一次，一位领导应邀参加"新世纪党员形象"演讲会，他根本不想发言，也没做准备。但在论辩到"党员可不可以下岗"的问题时，他被其他演讲者几乎一边倒的否定意见所激怒，走上讲台，做了生平以来第一次"即兴演讲"，获得了极大的成功。

这位领导本来不想发言，没有在这次会上讲话的欲望，是演讲会场这个具体时境，特别是几乎一边倒的否定意见这个具体条件，刺激了他，诱发了他的说话欲望。

所谓"即兴演讲"，大多是说话的时境诱发了演讲者的欲望，使他兴致勃勃地讲起话来。俗话说："鼓不敲不响，钟不撞不鸣。"没有特定时境的诱发，往往不会有说话的产生。

时境在诱发说话欲望的同时，也为说话提供了可资谈论的话题。

老舍的话剧《茶馆》的第一幕有这样一个场面：街上兵荒马乱，正搜查谭嗣同的余党，庞太监进来说："天下太平了。圣旨下来，谭嗣同问斩。"这话一下子打破了茶馆里"莫谈国事"的沉闷局面，出现了新的说话时境。于是：

茶客甲：谭嗣同是谁？

茶客乙：好像听说过？反正犯了大罪，要不，怎么会问斩呀？

茶客丙：这两三个月，有些做官的，念书的，乱折腾乱闹，咱们怎能知道他们捣的什么鬼呀？

……

王利发：诸位主顾，咱们还是莫谈国事吧？

（大家安静下来，都又各谈各的事）

这时，关于谭嗣同的谈论议题，是新的说话时境提供的，随着茶馆掌柜王利发"莫谈国事"的忠告，又回到了原来的时境状态。新的说话时境没有了，关于谭嗣同的话题也就结束了。说话的时境是现实生活中与说话主体最切近的部分，能被说话人直接感知，是摆在身边的说话材料，随时可以参与进来，成为谈论的话题。

特定场合的说话艺术

有篇报告文学记载了王震同志帮助诗人艾青的感人故事，其间王震与艾青的几次谈话，很能说明特定的交际场合需要用特定的话语形式来表达。

1957年后期，王震找到被错划为右派的艾青，一见面就说："老艾，我又爱你又恨你。你是不反对社会主义的，你是拥护真理的嘛。离开文艺界，你到我们那里去吧。"艾青到了王震兵团所在的密山安定下来后，王震诚恳而严肃地对艾青说："老艾呀，你要是搞不好，我是要骂你的。等我死了你再写文章骂我。"这些都是在背地里谈的话，在大庭广众之中说法又不一样了。艾青刚到密山，参加向荒原进军的动员大会，王震站在卡车上对大家说："有个大诗人，艾青，你们知道不知道？他也来了，他是我的朋友。他要歌颂你们，欢迎不欢迎呀？"还有一次，艾青不在身边时，王震对农场领导说："政治上要帮助老艾，赶快让他摘掉帽子，回到党内来。要让他接近群众，了解战士。"前两次讲话，均为个别交谈的场合，王震的话语既有信任亦有批评，既有鼓励又有严格要求，也不乏朋友间的坦诚直率。后两例，交际场合为当事人不在场或大庭广众之中，表达更多热情、爱护与帮助，这对当时的艾青来说，真可谓久旱逢甘霖，使他一直半吊着的心安稳了，他觉得自己"开始了生命的新旅程"。没有老将军这些恰如其分的话，或许就不会有艾青的新生，这就是特定场合的说话艺术所产生的巨大魅力。

在特定场合讲话可利用以下几种技巧和原则，以达到理想的说话效果。

1.**多角度**。某些场合的变化是出人意料的。如果应对不好，会使自己陷于某种困境。这就要求说话者必须善于变换切入角度，灵活地应对和驾驭各种局面和场合。

里根就任美国总统后，第一次出访加拿大，时值加拿大正举行反美示威游行。一次，里根总统的演说被反美示威游行的人群打断。只见里根总统面带笑容地对陪同的加拿大总理特鲁多说："这种事情在美国时常发生，我想这些人一定是特意从美国来到贵国的，他们是想使我有一种宾至如归的感觉。"双眉紧锁的特鲁多眉开眼笑了。里根高超的说话水平，故作曲解、歪解，解脱了主人的窘迫，又体现了一位大国总统的胸襟与气度。

2.**正话反说**。利用情境的参与，正话反说，摆脱不利的话语交际环境。例如，萧何以谋反罪诛杀韩信后，又召集群臣，设下油锅，要韩信的谋士蒯通当众供认和韩信谋反的罪行。在这种特殊环境的制约下，蒯通无法直陈其词，便用正话反说的方式先数了韩信的"十罪"，接着又列举了韩信的"三愚"："韩信收燕、赵，破三秦，有精兵四十万，恁时不反，如今乃反，是一愚也。汉王驾了成皋，韩信在修武，统大将二百余员，雄兵八十万，恁时不反，如今乃反，是二愚也。韩信九里山前大会战，兵权百万，皆归掌握，恁时不反，如今乃反，是三愚也。韩信负着十罪，又有此三愚，岂不自取其祸？"蒯通名为数说韩信的罪状和愚蠢，实为韩信鸣冤叫屈，致使满朝文武为之动容，赢得了群臣的同情，迫使萧何难以上手烹杀。

3.**利用歧义**。利用特定场合，造成情境歧义。例如，鲁迅在厦门大学任教期间，校方曾召开一次专门会议，无理削减一半经费，遭到了与会人员的反对。校长林文庆不但不予理睬，反而阴阳怪气地说："关于这件事，不能听你们的。学校的经费是有钱人付出来的，只有有钱人，才有发言权。"他刚说完，鲁迅立即从口袋里摸出两个银币，"叭"地一声"拍"到桌子上，铿锵有力地说："我有钱，我有发言权。"致使林文庆措手不及，狼狈不堪。鲁迅讲的"有钱"和林文庆说的"有钱"是两个概念，二者所包含的语意相差甚远，鲁迅正是巧妙地利用交际环境造成的歧义，给林文庆当头棒喝，压下了他的气焰，打乱了他的阵脚，实现了当众讲话的目的。

4.**言此意彼**。利用情境的微妙关系，言此意彼，使双方心领神会，从而实现交际目的。

小环境大背景

人们在一定的社会文化中使用语言，社会文化、历史等因素又渗透在语言之中，制约着语言的运用。社会文化背景，指社会场合，包括时间、地点、场合、气氛、事件背景、人事关系等。文化环境指一个民族在自己的历史发展中形成的独特的风格与传统。我们在讲话中要善于运用这种社会大环境，来衬托自己说话的小环境。

解放前夕，陈毅同志在一次报告中说："我们有充分的信心可以预见，解放全中国已经不需要太长的时间了。解放上海，更是指日可待（台下爆发出雷鸣般的掌声）。过不了几天，阿拉这些土八路可以到上海白相相了（用生硬的上海话）。"台下充满笑声，这样的话在那个社会环境和具体场合显得十分得体，而且出语幽默，又鼓舞人心。

切情切境，是成功讲话的重要条件。陈毅元帅对当时报告的场景氛围的辩证运用，打破了风格的表面统一，从而很好地适应了"行将进入上海"这一题旨情境，应情应景，耐人寻味。

还有一些虽然不属于大的社会环境，诸如地点、实物，但它们一旦附属于某种社会力量所能施加影响的范围，就成了社会环境。例如，在国家级的外交谈判中，地点的选择是一个很敏感的问题，通常的处理方法是在谈判双方的领土上轮换举行，或者选择第三国作为谈判地点。为什么这个问题会成为一个重要而敏感的问题？人们都有这样的体会，在朋友家里说话，总有一种客人心态，说话也总是显得拘谨一些，可在自己家里接待朋友，就无拘无束了。这种主人心态，就自然形成了一种优势，人们把它叫作"居家优势"。

交际中有时地点的改变也可形成不同的环境，从而有利于解决不同的问题，发表有针对性的讲话。例如：

有些领导者发现问题，往往请下属到自己办公室谈话。办公室是上级办公的地方，下属来到这里，很容易联想到上下级关系，于是便产生了一种"必须服从"的心态。这样，本来是对等的谈话，因为地点这一特殊社会环境的参与，就有利于一方，使对等的双方，变成主动与被动的两方。主动一方便有一种"居高临下"的势头（当然这只是一种心理差异，绝不是"以势压人"）。以此类推，如果顾客与营业员发生纠纷，经理应巧妙地把顾客诱导进自己势力所能影响的范围——经理办公室。这样既可以避免事态的扩大，也可以使这位顾客与围观者隔开，避免接受人群中一些不良反应而进一步增强不满情绪。所以，经理室实际上成了一个有利于处理问题的小社会环境。反之，如果为了加强联络，增进信任和友谊，领导人员则应走出"领导效应区"，到职工宿舍、食堂、俱乐部等地方去，以便于放开话题，无拘无束。这类非语言因素，有时正像看不见的磁场，有着极其强大的特殊效应。

可见利用合适的社会背景说话，可明显提高说话效果，这就要求我们有敏锐的思维和具有穿透力的眼光，去洞悉社会大背景，并善于利用眼前的实物、身处的地点，营造有利于自己说话的环境。

怎样利用自然环境

自然环境是指交际的时间、地点、场合。时间，小而言之是指年月，大而言之是指时代；地点，小而言之是指大庭广众、居家密室，大而言之是指城镇、乡村、野外；具体场景则指由一定的时空因素，以及交际情景有机组合而成的言语交际场合。

善于利用自然环境来增强说话效果，有时可以借用季候景物，诱发说听双方的共鸣。如郭沫若在1978年的全国科学大会上的发言，就是运用这一方法结尾的："春分已经过去，清明即将到来。'日出江花红胜火，春来江水绿如蓝'。这是革命的春天，这是人民的春天，这是科学的春天，让我们展开双臂，热烈地拥抱这个春天吧。"当时郭老卧病难起，做此书面发言。这个发言一经宣读完，会场上就爆发出雷鸣般的掌声，通过实况转播，又在整个科学界引起了热烈的反响。郭老在这里运用"春天"这一季节环境，画龙点睛，效果显著。

一个人谈话总是在一定的时间、空间进行的，如时令、地理环境、自然景物往往因人的主观感受不同而附上不同的情感色彩。若能结合自然情景来组织话语，往往会收到出其不意的效果。

另外，自然环境对说话的声音也有着相当的限制，例如，在肃静的图书阅览室里，只有书页翻动的唰唰声和写字的沙沙声。有人进来办事，非说话不可，也只能悄悄地耳语几句，声音小得别人难以听见。如果有人大声说话，立刻成为众矢之的，随之招来一束束责备的目光。两个人在办公室里促膝谈心，一般声音就可以了，说到机密处，还可以放得更低，窃窃私语。如果两个人相距较远，或在嘈杂的闹市上说话，就得高声呼喊。

如何在公共场合说话

在公共场合说话最主要的原则是"不哗不惊"。不哗，即不喧哗，不哗众取宠；不惊，即不大惊小怪，不惊动别人。尽管流行每年都在改变，但一个事实却是不变的，那就是适度。有一句话说得好，随便的衣着只有在某些时候才适合，而穿着正式的服装总不会太错。公共场合说话不到位，无异于穿着短裤或居家裤走在繁华都市的大街上，或者是穿着高跟鞋漫步在海滩上。

因此，我们在公共场合应该有得体的言行。外人来你这里要有得体的行为和语言，你也要对他们有礼貌；组织成员之间要有礼貌；你去别人那里同样需要礼貌。例如，去政府机关办事，首先要遵守规定在门口登记，等候门卫电话确认是预约后，才能进门。找到要去的部门和负责人后，应该简要地说明来意，假如有什么事无法达成共识，比如，涉及切身利益的问题，不要情绪激动，大吵大闹，造成不良影响。

在银行存提款要注意给别人留下空间，在"一米线"外等候。到写字楼里办事应当着装整齐，礼貌回答门卫提出的问题，进门前一定要敲门，得到允许再进去，不要长驱直入。假如你是去推销，更要注意礼貌，写字楼往往是不欢迎推销的，你应该用自己的行为语言给他们一个好印象。在饭店里不能像在家那样不拘小节，随地吐痰、吸烟等都是很不礼貌的。在酒楼除非是包席，否则最好不要太喧哗，以免影响其他顾客吃饭。到条件较好的公寓找人，要和门卫配合。到一般居民楼也不要大声喧哗，找错了门应当致歉。会场里需要注意的是不要窃窃私语，如果有几个地方在小声说话，主席台上的人听见的声音就很大了。另外要尽量把手机调为震动或者关机。

这些都是生活中一些最基本的常识，其余的还需我们在生活中仔细体会。

批评的场合

不注意场合随意批评人往往收不到批评的效果。领导者尤为如此，不仅起不到效果，还会伤了部下的面子和自尊心，也会有损于自己的形象和威信。

穿衣要看天气，批评也要看场合。

批评部属一定要注意场合，而且不能像泼妇骂街。因为，大部分人都不愿意看到上司斥责部属，不愿看到自己的同事被责骂。当然，有的人会幸灾乐祸，但大部分的人会站在被责骂者一边。

有的人喜欢在众人面前斥责下属，并不是因为出于气愤，而是想经由这种方式向上级、客户或其他部属表明这不是他的错，而是某个下属办事不力造成的。事实上，这种做法是幼稚的。

一是你既然身为领导，就得对职责内所有事务负起责任。如果你一味强调自己不知情，只会使你在掩饰的同时，暴露出你的另一面缺失，那就是你管理不力，或你所主持制定的管理规则不健全。更重要的是，你的这种推卸责任的行为，会让其他部属看了心寒，他们会觉得你是一个自私、狭隘、没有气量的上司。

二是如果一旦出了问题，你就把责任往下属身上推，拿下属做挡箭牌，那么，毫无疑问，这个下属从此就有可能对任何工作都不再热心。而且，他还会在心里想着："好啊，这次你拿我当替死鬼，那我们骑驴看唱本——走着瞧吧。"

更要命的是，如果你的下属是一个急性子，他也许当场就和你针锋相对，大吵起来。

这时，他也许会把你一些见不得人的黑幕抖搂出来，然后扬长而去。当着那么多旁观者，谁的处境最尴尬？最终你还不是丢了自己的面子。

因此，在发生问题的时候，即使你确定是下属犯的错误，也应该把他喊到办公室，在没有第三者的情况下进行批评。

酒桌上的谈话学问

"酒文化"是一个既古老又新鲜的话题。现代人在交际过程中，已经越来越多地发现了酒的作用。

的确，酒作为一种交际媒介，在迎宾送客，聚朋会友，彼此沟通，传递友情时，发挥了独到的作用，探索酒桌上的"奥妙"，有助于你交际的成功。

大多数酒宴宾客都较多，所以应尽量多谈论一些大部分人能够参与的话题，得到多数人的认同。因为个人的兴趣爱好、知识面不同，所以话题尽量不要太偏，避免唯我独尊，天南海北，神侃无边，出现跑题而忽略了众人。

特别是尽量不要与人贴耳私语，给别人一种神秘感，使之产生"就你俩好"的嫉妒心理，影响喝酒的效果。

大多数酒宴都有一个主题，也就是喝酒的目的。赴宴时首先应环视一下在座各位的神态表情，分清主次，不要单纯地为了喝酒而喝酒，却失去了交友的好机会，更不要让某些哗众取宠的酒徒搅乱酒席。

酒桌上可以显示出一个人的才华、修养和交际的风度，有时一句诙谐幽默的语言，会给客人留下很深的印象，使他无形中对你产生好感。所以，应该知道什么时候该说什么话，语言得当，诙谐幽默。

在酒桌上往往会遇到劝酒的现象，有的人总喜欢把酒场当战场，想方设法劝别人多喝几杯，认为不喝多就是不实在。

"以酒论英雄"，对酒量大的人还可以，酒量小的就犯难了，有时过分地劝酒，会将原有的朋友感情完全破坏。

要想在酒桌上得到大家的赞赏，就必须学会察言观色。与人交际，要了解人心，左右逢源，才能演好酒桌上的角色。

探望病人的讲究

亲友患病住院治疗，人们免不了要上医院去探视。然而，人们探视病人时的言语是否得当，将对患者的心理和情绪产生颇大影响。尤其是一些患者因为病魔缠身而产生抑郁、焦虑、怀疑、恐惧、被动、依赖及自怜等一系列消极情绪和心理波动时，倘若探视者的语言运用得好，将会使病人精神振作，进而积极配合治疗，有利于恢复健康。因此，安慰是抚慰患者心灵的一剂"良药"。若是探视者言语失当，将会对患者造成颇大的心理压力，影响治疗效果。那么，人们在探视患病的亲友时，在医院这种环境下，该如何说话呢？

探视者对患病亲友的安慰，是很能给人以信心的。这时候，安慰性的语言比任何时候都显得生动、有力，它易于勾起患者与自己情感的共鸣，进而稳定患者的思想情绪，有利于患者疾病的治疗。

人们对患者适时地鼓励，是对其心理上的支持，对调动患者战胜病魔的意志和勇气有着举足轻重的作用。尤其是某些患者对自己疾病的治疗丧失信心时，你若能适时地给予真诚和符合客观事实的鼓励，也许就能在患者身上产生"起死回生"的作用。有一个年轻的建筑工人在高空作业时不慎摔伤，处于昏迷状态，患者在医院里苏醒后，觉得下肢不听使唤，遂怀疑自己将终身残疾，萌生了轻生念头。患者的一个友人发现这一思想苗头后及时鼓励说："你年轻力壮，生理机能强，新陈代谢旺盛，只要你积极配合治疗，日后加强锻炼，肯定不会残废，这是医生说的，请你相信我。"短短几句鼓励的话，就使患者抛却了轻生念头，增强了治疗信心。

Part5 把握时机：该说的时候再开口

　　一个人说话的内容不论如何精彩，但如果时机掌握不好，就无法达到说话的目的。因为听者的内心，往往随着时间的变化而变化。要对方愿意听你的话或者接受你的观点，都应当选择适当的时机。

说话一定要把握火候

一个人说话的内容不论如何精彩，但如果时机掌握不好，就无法达到说话的目的。因为听者的内心，往往随着时间的变化而变化。要对方愿意听你的话，或者接受你的观点，都应当选择适当的时机。

这有如一个参赛的棒球运动员，虽有良好的技艺、强健的体魄，但是他没有把握住击球的"决定性的瞬间"，或早或迟，棒就落空了。

所以，时机对你非常宝贵。但何时才是这"决定性的瞬间"，怎样才能判定并咬住，并没有一定的规则，主要是看对话时的具体情况，凭你的经验和感觉而定。

电冰箱老化了，制冷效果很差，丈夫几次提出要买一个新的，都因妻子不同意而没有买成。

中午，妻子对丈夫说："今天真热，你把冰箱里的冰棒给我拿一支来。"

丈夫打开冰箱说："冰棒都化了。"

"这个破冰箱！"妻子骂道。

"还是再买一个新的吧。"

"买一个吧。"妻子欣然同意了。

到了商店，看中了一个冰箱，一问价格，要三千多元。

"太贵了，还是不买吧。"妻子说。

"端午节快到了，天气这么热，单位给的肉和鱼往哪儿放？"丈夫说。

售货员这时插入一句："这个冰箱虽然贵点，但耗电小，容积大，从长远看还是划算的。"

"那好，就买这个吧。"妻子终于同意了。

这位丈夫捕捉住了说话的时机，终于达到了目的。

在反映情况和说服人的时候，要特别注意把时机选在对方心情比较平和的时候。因为一些人由于劳累、遇到不顺心的事或正在把注意力集中在其他事情上时，是没有心情来听你说话的。

你一定听过夫妇之间这样的抱怨：

妻子说："他回到家来，自个儿喝茶，坐下来埋头看报。要是我问他个什么，他就含糊地答一句。要是我想和他聊聊，他的心早就离得远远的，也许还挂着办公室的事。我整天陪着孩子，真渴望能有点精神调剂，可是他却不理睬我。"

而丈夫也一肚子怨气："我还没来得及关上门，她就忙不迭地向我唠叨起来：什么菜的价钱又贵了，孩子把杯子摔了，隔壁老太太又说了她几句……烦死了。"

为了尊重对方，考虑对方什么时候谈话才有较大的兴趣，这是必须的。

把握语言的准确性

在辩论或说服中，我们反击的目的是调节和改善自己所处的人际关系环境，是为解决矛盾而不是扩大矛盾，这是反击有效性的重要标志。良好的口才是战胜受气的一大法宝，但良枪在手，用不好也会走火，伤人害己。因此，利用语言进行反击，必须把握反击的有效性。

掌握语言反击的度是反击有效性的决定性因素。根据不受气的第一大准则，利用语言反击时，应按照自己对环境的敏锐判断，明确自己的优势和劣势，准确把握该说什么、怎样说、说到什么程度。也就是说，应根据对语言出口后可能产生的后果的准确预测，确定自己的语言界限。否则，语言不准确或不到位，则会使自己陷入被动的尴尬境地。

掌握语言反击的度，首先应具有明确的针对性，不要扩大打击面。在反击时，要抓住主要矛盾，丁是丁，卯是卯，而不应四面树敌，把本来可以争取的中间力量甚至朋友统统都推到与自己对立的阵营中去，使自己陷于孤立、被动地位。笔者曾在公共汽车上遇到过这样一件事情。在北京，乘坐公共汽车时，行李超过规定标准应额外买票已是众所周知，但外地人却未必了解这一规定。一位肩扛大包的外地人上车后，因购买行李票同乘务员争执起来。他似乎也挺有道理，责问乘务员道："我坐火车走了几千里都没因行李多交费，单就你这公共汽车就该多交费？啥子道理！"一句话一下子把乘务员已到了嘴边的话给噎了回去，不知如何反驳。过了半天，她似乎自言自语道："就这帮没素质的外地人把北京给搞乱了。"谁知，这趟从北京站开出的公共汽车上，乘客中三分之二是外地人。她这一句话如一石激起千层浪，乘客们纷纷质问乘务员："我们这些外地人难道都没买票？难道都不讲道理？这位老乡初来北京，是他不了解北京的规矩还是他故意蛮横无理？"这位乘务员依照规章制度认真履行工作职责本没有什么过错，开始时她完全受大家支持，但她因反击时语言的度没有把握好，才使自己一步陷入了困境当中。这是我们在进行语言反击时应吸取的教训。所以，语言反击应三思而后行，话语出口之前先掂量。否则，话语出口如覆水难收，若是说错了，自己会更加受气。

其次，应控制打击的力度，不要一棍子把人打死，一句话把人噎死。在大多数情况下，反击时应为对方留一点余地，掌握打击的分寸。因为大多数人都爱面子，给对方留有余地，是为缓和彼此间的冲突留下了回旋的空间，也为自己留了一步台阶。否则，你把他逼进了死胡同，他别无选择只能与你对垒。结果，双方剑拔弩张，到头来只会两败俱伤，还是没有改变你受气的境地，这并不是我们反击的目的。然而，在生活中许多人并不能深刻理解这一道理，似乎反击得越狠越好，实际并非如此。所以说，语言反击是一门斗争艺术。

阿伟暗恋上了佳佳，但佳佳心有所属，并不为他所动。终于到了佳佳的生日了，阿伟决定在生日Party上"火"一把。

在摇曳的生日烛光里，阿伟动情地唱起了"爱，爱，爱不完……"佳佳感觉阿伟在大庭广众之下令自己很难堪，但她只淡淡笑了笑，以舒缓的语调说："看不出阿伟平时不声不响，原来歌声如此优美，我们该为将来那位有幸拥有他深情歌声的小姐祝福。"一句话，似是赞美，于无声处给了阿伟当头一棒，但不知情者不会有任何觉察。既给阿伟留足了面子，又明确拒绝了他。

以上这两个方面，可概括为一句话：只有把握语言反击的广度和深度，才能保证语言反击的力度，有效地达到反击的目的，使自己避免受气。

能言善辩的艺术

当你想要驳倒对方时，除了理由必须充分，还要靠说话的技巧。你要悉心静听对方的说话，挑出他话中的要点与漏洞，如果对方不曾说完，无论如何不要插嘴，面部表情也不要露出什么地方不对，什么地方赞同的表示，等他说完，有时还需问他一句，还有其他的意思吗？言多必失，让他畅所欲言，正是找寻反驳点的好机会。

你开始反驳时，态度必须从容，说话必须稳当，先把他的话总括扼要地提出，问他是否是这些意思，再从他对的方面，表示适当的赞同，使他高兴。说到后来，用"但是"两字一转，逐层反驳，把轻的放在前面，重的留在后面，越说越紧，越说越硬，致使他无法置辩。如果你要教训他几句，更要留在最后，看见他的面部表情已有感悟的表示，才好开始说教训的话。说教训的话，态度必须诚挚才显出你的善意，千万不要有斥责或讥笑的意思，免得他恼羞成怒，引起新的纷争，因为反驳者虽能以理由与技巧使他折服，但也必须动以感情使他心悦诚服。理由越是充分，反击越是强烈，语气就越要婉转。中间有时还要替他设身处地，代为表达苦衷与用意，然后随即加以反击，使他知道错误。有时还不妨态度激昂，接着又须和悦，春风与雷霆，相互间用，充分表示你的立场的公正，表示你的凛然难犯，表示你的富于同情。就全部反驳过程而论，都是欲抑先扬，但不要扬得过分，否则反使你的抑失去了力量，也不要抑得过分，这会使你的扬引不起他的感悟。废话是绝对要避免的，但是巧譬善喻绝不是废话，譬得越巧喻得越善，越能激起他的同感。

反驳完毕，你虽取得胜利，态度仍须谦让，使他不觉得是失败，更须丢开正文，随便谈谈，总要有说有笑，把反驳时严肃的空气尽力冲淡。争辩是一回事，交谊是一回事，争辩只限于一个事项，不要牵涉到交谊，如果彼此都是代表人身份，随时要把代表人的本身分开，不要产生有直接人身攻击的嫌疑。万一对方盛怒之下，对你做人身攻击，你必须用和气的态度向他说明你是代表人，不是当事人。经过多方的解释必可减少误会，即使对方出口辱骂，你也要大度包涵，付之一笑。

至于没有利害关系的辩论，有的是维护各人的主张，有的则是比彼此的口才。为维护主张而反驳，多少要承认对方若干的论点，反驳的语气有时可用补正的方式，不必完全以攻击的态度，倘若是在会议上，只要争取多数人的同情，促使各方面的响应，让各方面群起而攻之，造成他四面楚歌的局面，就可以不必单枪匹马和他相辩。这种四面合围，不但力量雄厚，声势壮大，而且你也可以不必费极大的气力。

至于比赛辩论技术，原只是游战性质，不要过分认真，倘使对方假戏真做，你便乘机退出，表示讲和。有人不能明白这一点，往往因薄物细故，极力争辩，弄得双方面红耳赤，不欢而散，其实这又何苦呢？

一言既出，驷马难追

说话之难在于无法修改，一言既出，驷马难追。它不像写文章一样，可增删改动，可仔细思考。话一说出口，几乎就没有收回的余地。

社交对象形形色色，交谈之前宜先打个腹稿，理出主题，免得临时口不择言或摸不着重点。说话时两眼当然要注视对方，表示很有兴趣的样子，并随时注意对方的反应，以调整自己的话题。如发现对方有不想听下去的表情，或不时瞄一眼手表，你就该长话短说，尽快结束谈话；如果他表情疑虑，你就该多加解释；如果他很感兴趣，你不妨加以发挥；如果他想插嘴，你就让他发表意见。总而言之，与人交谈必须懂得察言观色，以免误会。

表明态度时也要有个分寸，譬如认为是对的，就回他一声很好；觉得不对，就表示此一问题很难说，各有各的立场；可以办到的，不妨回答我去试试，成功与否不敢保证；办不到的，就直说此事太困难，恐无多大希望……总之，在交谈中要留余地，以免事后进退两难。

事实上，交谈是应该受到一点限制的，因为交谈本来即受三方面局限：一是人，二是时，三是地。非其人不必说；非其时，虽得其人，也不必说；得其人，得其时，而非其地，仍是不必说。非其人，说三分真话已嫌太多；得其人，而非其时，恰好说三分话，正给他一个暗示，看看他反应如何；得其人，得其时，而非其地，正可引起他的注意，如有必要，不妨择地另作长谈，这才叫作通达世故。

举个例子，有时碰到喜欢刺探别人隐私的人，他会迂回进攻，在交谈当中插入一些主要的问句，希望你暴露真情，你如果不愿意告诉他，应该特别留神，顾左右而言他，或者干脆说"无可奉告"，以阻止他不断的烦扰。

此外，宿醉未醒，或是盛怒之后，都不宜与人交谈，因为此时心绪不宁，最易"祸从口出"。

选择说话的最佳时机

聪明的小孩子往往懂得在大人高兴的时候提出自己的要求，而且，这时他们的要求多半会被满足。家长在心情比较好的时候，为了不破坏气氛，往往会比平时更加宽容大度。

在上下级相处的过程中，也存在着同样的情况。自然，下属并不是小孩子，不存在对领导的人身依附关系。但是，他们之间的权力从属关系却是毫无疑问的，下属要取得的每一分利益都需要有领导的首肯。在中国这种文化传统下，事实上，每个领导都有一种"家长"倾向，都有恩威并举的心理，那么我们就不妨因势利导，巧妙地加以利用，在领导春风得意之时，或提要求，或进谏语，必能收到意想不到的良好效果。

史载，有一次唐太宗意兴舒坦，心情十分高兴，便笑着问大臣魏徵："你看近来政治怎么样？"魏徵觉得这是一个进谏的好机会，马上回答说："贞观初年，您主动地引导人们进谏；过了三年，遇到有人进谏，还能愉快地接受；这一二年来，勉勉强强接受一些意见，可是心里总觉得不舒服。"

太宗听后有些吃惊，问道："你这样讲有什么根据吗？"魏徵于是便举出三件事来加以佐证，这三件事反映的是唐太宗在魏徵所说的三个时期内对人的三种不同态度。唐太宗于是明白了，说道："若不是您，不能说这样的话。一个人苦于自己不知道自己啊！"于是，从此更加虚心地听取臣下的意见了。由此可见，给领导提建议，有很重要的一个学问，那就是一定要注意时机和场合，以便使领导更能用心领会你的意见，并不会导致对你的反感。例如，在娱乐活动中，一般领导的心情比较好，这时候提出建议会使领导更容易接受。特别是如果你能把所提的建议同当时的情景联系起来，通过暗示、类比等心理活动的作用，则会对领导有更大的启发。还有些比较成功的下属善于接住领导的话茬儿，上承下转，借题发挥，巧妙地加以应用，从而很好地触动了领导，使许多悬而未决的问题得到了解决。

例如，有一个单位刚购置了一批计算机及相关设备，并准备修建一个机房。但在机房安置空调机一事上，领导却不肯批准，认为单位的同志们都在没有空调的情况下办公，不宜单独对机房破例。虽然有关同志据理力争，说明安装空调是出于机器保养而非个人享受的需要，但仍不能打破领导的老脑筋，说服领导。

后来，单位的领导与同志们一起出去旅游。在一个文物展览会上，领导发现一些文物有了毁坏和破损，就询问解说员。解说员解释说，这是由于文物保护部门缺乏足够的经费，不能够使文物保存在一种恒温状况下所致，如果有一定的制冷设备，如空调，这些文物可能会保存得更加完善。领导听后，不禁有些感慨。此时，站在一旁的机房负责人乘机对领导低语："其实，机房里装空调也是这个道理呀！"

领导看他一眼，沉思片刻，然后说："回去再打个报告上来。"很快，这位领导就批准了机房的要求，为机房装上了空调设备。

妙语反击无理的行为

在人际交往中，人们总难免碰到一些人说出无理的语言。你对某人的不良或错误行为进行直接责备，他却反过来与你顶撞。如在一外国球场里，一个大学生的视线完全被前面一位年轻妇女的帽子挡住了，于是他对她说：

"请您摘下帽子。"可妇女连头也不回。"请您摘下帽子。"大学生气冲冲地重复一遍。"为了这个位子，我破费了15个卢布，却什么也看不见！"

"为了这顶帽子，我破费了115个卢布，我要让所有的人都看它。"年轻的妇女说完，一动也不动地坐着。她违反了公共道德，却反而振振有词地反驳大学生的正当要求。

年轻的朋友们，碰到这种无理行为，你怎么办？许多人常常大发一通怒火，大骂一顿无赖，可到头来，对方还是振振有词，条条有道，"理由"充足得很。你自己倒气得手脚发颤，只会说："岂有此理，岂有此理！"

那么，应该怎样说话，才能反击这种无理的行为，使得对方觉得理屈词穷、无言以对呢？有四点值得注意。

1.情绪平和

遇到无理的行为，首先要做到的就是不要激动，要控制情绪。这个时候的心境平和，对反击对方有重要作用：一是表现自己的涵养与气量，以"骤然临之而不惊，无故加之而不怒"的大丈夫气概在气质上镇住对方，如一下子就犯颜动怒，变脸作色，这不是勇敢的行为。古人曰："匹夫见辱，拔剑而起，挺身而斗，此不足为勇也。"对方对此不但不会惧怕，反而会对你的失态感到得意。二是能够冷静地考虑对策，只有平静情绪，才能从容选出最佳对策，否则人都弄糊涂了，就可能做出莽撞之举来，更不要说什么最佳对策了。

2.反击有力

对无理行为进行语言反击，不能说了半天，不得要领，或词软话绵。而要做到打击点要准，一下子击中要害；反击力量要猛，一下子就使对方哑口无言。

有一个常因愚弄他人而自得的人，名叫汤姆。这天早晨，他正在门口吃着面包，忽然看见杰克逊大爷骑着毛驴哼哼呀呀地走了过来。于是，他就喊道："喂，吃块面包吧。"大爷连忙从驴背上跳下来，说："谢谢您的好意。我已经吃过早饭了。"汤姆一本正经地说："我没问你呀，我问的是毛驴。"说完得意地一笑。

大爷以礼相待，却反遭一顿侮辱。是可忍，孰不可忍！他非常气愤，可是又难以责骂这个无赖。无赖会说："我和毛驴说话，谁叫你插嘴来着？"于是大爷抓住汤姆语言的破绽，进行狠狠地反击。他猛然地转过身子，照准毛驴脸上"啪、啪"就是两巴掌，骂道："出门时我问你城里有没有朋友，你斩钉截铁地说没有。没有朋友为什么人家会请你吃面包呢？""叭、叭"，对准驴屁股，又是两鞭子，说，"看你以后还敢不敢胡说。"说完，翻身上驴，扬长而去。大爷的反击力相当强。既然你以你和驴说话的假设来侮辱我，我就姑且承认你的假设，借教训毛驴，来嘲弄你自己建立起的和毛驴的"朋友"关系，给你一顿教训。

3.含蓄地讽刺

对无理行为进行反击，可直言相告，但有时不宜锋芒毕露，露则太刚，刚则易折。有时，旁敲侧击，绵里藏针，反而更见力量，它使对方无辫子可抓，只得自己种的苦果往肚里吞，在心中暗暗叫苦，就像苏格兰诗人彭斯那样。

有一天，彭斯在泰晤士河畔见到一个富翁被人从河里救起。富翁给了那个冒着生命危险救他的人一块钱作为报酬。围观的路人都为这种无耻行径所激怒，要把富翁再投到河里去。彭斯上前阻止道："放了他吧，他很了解自己生命的价值。"

4.巧妙借用

对无理的行为进行语言反击，是正义的语言与无理的语言的对抗。所以，反击的语言一定要与对方的语言表现出某种关联，正是在这种关联中，才会充分表现出自己的机智与力量。要做到双方语言的巧妙关联方法有三：

第一，顺其言，反其意。这种方法的效果在于使人感到那个无理的人是引火烧身，搬起石头砸自己的脚。例如，德国大诗人海涅是个犹太人，常遭到一些无耻之徒的攻击。在一个晚会上，一个人对他说："我发现了一个小岛，这个小岛上竟然没有犹太人和驴子！"海涅白了他一眼，不动声色地说："看来，只有你我一起去那个岛上，才会弥补这个缺陷。"

"驴子"在南方语言中，常常是"傻瓜""笨蛋"的代名词。面对是犹太人的海涅，将"犹太人与驴"并称，无疑是侮辱人，可海涅没有对他大骂，甚至对这种说法也没有表示异议，相反，他把这种并称换上"你我"，这样就一下子把"你"与"驴"相等了。

第二，结构相仿，意义相对。这种方法是在双方语言的相仿与相对中，表现出极其鲜明的对抗性。如丹麦著名童话作家安徒生一生简朴，常常戴顶破旧的帽子在街上行走。有个不怀好意的人嘲笑道："你脑袋上面的那个玩意是个什么东西，能算是顶帽子吗？"安徒生回敬道："你帽子下面那玩意是个什么东西，能算是个脑袋吗？"安徒生的话语和对方的话语结构、语词都相仿，只是几个关键词的位置颠倒了一下，显得对立色彩格外鲜明。

第三，佯装进入，大智若愚。即假装没识破对方的圈套，照直钻进去。这种方法的效果是显出自己完全不在乎对方的那种小伎俩。

例如，一个嫉妒的人写了一封讽刺信给美国著名作家海明威，信上说："我知道你现在是一字千金，现在附上一美元，请你寄个样品来看看。"海明威收下钱，回答一个字——"谢！"海明威完全识破了对方刁难、侮辱人的行为，但他根本不将此放在眼里，他就照他人的刁难要求办，结果也真搞得那人反而难下台。

留心别人的忌讳

中国幅员辽阔，各地的方言不同，往往同样一句话，意义却完全相反，你以为侮辱，他以为尊敬，你以为尊敬，他以为侮辱，所以古人才有"入乡随俗"的主张。

从前有个浙江人，到北方去做官，他的妻子也是南方人。有一天，太太教女仆洗衣服，她说："洗好后，出去晾晾。"晾晾的字音，南方人读作"浪浪"，浪浪在北方是不好听的词。女仆听了，当然觉得奇怪。太太询问原因后出口笑骂道："堂客！"堂客在江苏、浙江一带，是骂人的名词，女仆听了，急着说："太太，不敢当！"太太又问其所以，才知道原来在湖北等省，"堂客"是尊敬女人的意思。

这是一个笑话，却可证明方言意义的不同。比方你称呼人家的小男孩，叫他小弟弟，总不算错吧？但是在太仓人听来，认为你是骂他；比方你对老年男子，叫他老先生，总算不错吧？但是在嘉定人听来，当你是侮辱他。你在安徽，称朋友的母亲，叫老太婆是尊敬她；但是你在江浙地方，称朋友的母亲为老太婆，那简直是骂她了。各地的风俗不同，说话上的忌讳各异，你与人交际，必须留心对方的避讳，否则可能会惹祸。

虽然对方知道你不懂他的忌讳，情有可原，但若你总是近乎失礼，至少是你犯了对方的忌讳，在友谊上是不会增进的。比方你对江浙人骂一声混账，还不是十分严重，你如果骂北方女子一声，那就会被认为是奇耻大辱，非与你大肆交涉不可。从前有一位小学教师，为了一些小争执，骂学生的母亲混账，不料这位女家长，是一个北方人，因此向学校当局大兴问罪之师，要那位举出她的混账事实来。原来"混账"二字，在北方是女子偷汉的意思，这种解说使问题显得严重了，学校当局虽一再道歉，声明误会，这位女家长还是不肯罢休，只好请出他人劝解，才算了事。这近乎笑话的故事，更足以证明方言上的忌讳是必须特别留心的。

留心对方的忌讳，在交际上原是小事，在彼此交谊上却有极大影响，你在社会上做人，冤家越少越好，因为说话不知忌讳而多招冤家，那更是不值得了。

探究对方的真意

近年来，"午夜谈心"一类的电台或电视节目非常流行。有一位心理学专家应邀在这类节目中担任对来谈心的人进行心理指导，这是件吃力不讨好的工作，这位专家必须在有限的时间内，根据对方的言论给予适当地劝告或指点迷津，但假如言之有失，就会被对方斥责，甚至追加罪名。

然而，这位专家却在听众中颇有口碑，许多人都希望与他坦诚地交谈。他的独门绝活就是能迅速且正确地从对方的话语中捕捉出一些真实的想法。据他透露：在交谈中，对方说出似乎有些异常的话时，便马上再用这些异常的话来反问对方，便可以探出对方的真意了。

譬如，有一次，一位中年妇女来到这个节目演播厅，主要话题是她的丈夫经常夜归的问题。一开始，这位妇女列出很多认为她丈夫夜归是因为有外遇的理由，随后，她突然冒出一句："为什么只有男人可以这么做，却不准我们女人这样做……"这位心理专家马上反问道："'只有男人'这话怎么个意思？"

这位妇女当即歇斯底里地说："不，说这种男人对爱情不专是男人有魅力的表现，是陈旧的观点，我也很想这么做，也想背叛他……"专家又反问道："虽说是陈旧的观点，那你认为现代女性应当水性杨花吗？"

她思忖了一阵，答道："不是的！不是这样的！不是爱情不专这件事好或不好，而是我讨厌他老跟我撒谎……"心理专家又问："那么不撒谎，坦白对你说出来你就可以原谅吗？你觉得这种爱情不专的做法好吗？总之，你可不能因为丈夫这样做，自己也想去试试爱情不专的行为……"

听完专家的一番话后，这位中年妇女羞涩地承认了自己的想法不对。

这位心理专家敏捷地抓住了"只有男人……"这句话，引发对方道出自己内心深处的欲望——总想去试试爱情不专的举动和念头。

上述的这种技巧，在与初次见面的人交谈也是相当有效的。

开个得体的玩笑

人际交往中，开个得体的玩笑，可以松弛神经，活跃气氛，创造出一个适于交际的轻松愉快的氛围，因而诙谐的人常能受到人们的欢迎与喜爱。但是，玩笑开得不好，则适得其反，伤害感情，因此开玩笑要掌握好分寸。

1.内容要高雅

笑料的内容取决于玩笑者的思想情趣与文化修养。内容健康、格调高雅的笑料，不仅给对方启迪和精神的享受，也是对自己美好形象的有力塑造。钢琴家波奇一次演奏时，发现全场有一半座位空着，他对听众说："朋友们，我发现这个城市的人们都很有钱，我看到你们每个人都买了两三个座位的票。"于是这半屋子听众放声大笑。波奇无伤大雅的玩笑话使他摆脱了尴尬。

2.态度要友善

与人为善，是开玩笑的一个原则。开玩笑的过程，是感情互相交流传递的过程，如果借着开玩笑对别人冷嘲热讽，发泄内心厌恶、不满的感情，那么除非是傻瓜才识不破。也许有些人不如你口齿伶俐，表面上你占到上风，但别人会认为你不能尊重他人，从而不愿与你交往。

3.行为要适度

开玩笑除了可借助语言外，有时也可以通过行为动作来逗别人发笑。有对小夫妻，感情很好，整天都有开不完的玩笑。一天，丈夫摆弄猎枪，对准妻子说："不许动，一动我就打死你！"说着扣动了扳机。本以为是空枪，谁知里面却有未打完的子弹。结果，妻子被意外地打成重伤。可见，玩笑千万不能过度。

4.对象要分清

同样一个玩笑，能对甲开，不一定能对乙开。人的身份、性格、心情不同，对玩笑的承受能力也不同。

对方性格外向，能宽容忍耐，玩笑稍微过大也能得到谅解。对方性格内向，喜欢琢磨言外之意，开玩笑就应慎重。对方尽管平时生性开朗，假如恰好碰上不愉快或伤心事，就不能随便与之开玩笑。相反，对方性格内向，但正好喜事临门，此时与他开个玩笑，效果会出乎意料地好。

此外，还要注意以下几点：

（1）和长辈、晚辈开玩笑忌轻佻放肆，特别忌谈男女情事。几辈同堂时的玩笑要高雅、机智、幽默、解颐助兴、乐在其中。在这种场合，忌谈男女风流韵事。当同辈人开这方面玩笑时，自己以长辈或晚辈身份在场时，最好不要掺言，只若无其事地旁听就是。

（2）和非血缘关系的异性单独相处时忌开玩笑（夫妻自然除外），哪怕是开正经的玩笑，也往往会引起对方反感，或者会引起旁人的猜测非议。要注意保持适当的距离。当然，也不能拘谨别扭。

（3）和残疾人开玩笑，注意避讳。人人都怕别人用自己的短处开玩笑，残疾人尤其如此。俗话说，不要当着和尚骂秃儿，癫子面前不谈灯泡。

（4）朋友陪客时，忌和朋友开玩笑。人家已有共同的话题，已经形成和谐融洽的气氛，如果你突然介入与之玩笑，转移人家的注意力，打断人家的话题，破坏谈话的雅兴，朋友会认为你扫他面子。

5.场合要适宜

美国总统里根一次在国会开会前，为了试试麦克风是否好使，张口便说："先生们请注意，五分钟之后，我对苏联进行轰炸。"一语既出，众皆哗然。里根在错误的场合、时间里，开了一个极为荒唐的玩笑。为此，苏联政府提出了强烈抗议。

总之，开玩笑不能过分，尤其要分清场合和对象。

找到大家的相同之处

当一个人试图与对方交谈时，最先需要选择的就是谈话的主题。通俗地讲，就是你要与对方谈什么，从什么开始交谈。如果你常常觉得与人谈话很吃力，恐怕最重要的原因，就是你对应该讲什么话这个问题有很深的误解。

人们对交谈有一个最普遍的误解是：以为只有那些最不平凡的事件才是值得谈的。这样的结果使他们把彼此的交谈搞得索然无味。他们在搜肠刮肚地寻找重大事件的同时，却忽略了谈话本身所应具有的意义。你是否有过这样的体会，当你见到熟人的时候，你在脑子里苦苦地搜索，想找一些怪诞的奇闻，惊心动魄的事件，或是令人神往的经历，以及令人兴奋刺激的事情。

这一类事情是一般人最感兴趣的了，能够在谈话的时候，讲出这样动听的事情，无论对听的人，还是对讲的人，都是一种满足。

但是，这一类的事情在我们的生活中毕竟不多。有些轰动社会的新闻，是用不着你来说别人就已经听说过的。即使是你亲身经历过的比较特殊的事情，也不必到处一讲再讲。此外，你在某一个场合讲很受欢迎的故事，在另外一些人面前就不一定受欢迎。因此，你若认为只有那些最不平凡的事情才值得谈，那你就会经常觉得无话可谈了。

其实，人们除了爱听一些奇闻逸事以外，也很愿意和朋友们谈一些有关日常生活的普通话题。比如，小孩子长大了，要进哪一所学校比较好啦，花木被虫子咬了应该买哪一种杀虫药啦，这个周末有什么好电影看啦等等，这些都是良好的谈话题材，也都能使谈话双方感到有兴趣。总之，当你选择谈话的主题时，你要了解对方是否对此感兴趣，对方所具备的知识和经验是否能够将这次谈话进行到底。如果你能做到这一点，那么，你就可以称得上是一个优秀的谈话者了。

表达好感的六个技巧

1.如果你对什么人有兴趣，要让对方知道

记住，别等着对方来解读你的心，冒着可能会错意的风险来接近你。你必须勇敢地对自己的感觉负责，一旦确定了自己的感觉，就要去沟通、疏导。如此，就能避免许多苦恼、推敲和时间的浪费。

2.可以在任何时间打电话给对方

如果你想跟什么人说话，就打电话给他。如果你需要和生意上的伙伴或是朋友谈谈，就会毫不迟疑地去做，为什么独对爱侣或是心上人这么瞻前顾后，不干不脆？

3.全程参与决策的过程

每个人都有不同的和独特的才干，所以，约会时要让双方的点子和建议都能自由地交流，共同参与全程决策。

4.别有了新欢，就忘了旧友

应介绍老朋友给心上人认识，让大家分享你的爱。

5.要努力放开自己

男女双方可以无所不谈，完全放开自己。这可以加速双方彼此认识，现代人可没时间玩猜谜游戏。另外，对别人的兴趣要保持开放的态度，但是不必隐瞒自己喜欢的活动或事物。如果他喜欢深海钓鱼，你喜欢歌剧，你可以想想看，当你俩互相向对方引介这两种截然不同的新领域时，会是多么有趣的一件事。不过，你可以设定一些范围。如果你真的很不喜欢海钓，就不要和他一起去。当他出海去钓鱼时，你可以花一个下午的时间做你喜欢的事。两个人各自有各自的爱好，并没有什么不好。

6.请务必接电话

即使只是说"我现在没空和你出去"也好。如果有人很诚恳地想和你沟通，而你完全漠视，那是很粗鲁的举动。

回避难以回答的问题

在人际交往中，常会遇到一些难以回答、不便回答或不愿意回答的问题。如果坦白地答一声"不知道""无可奉告"，这不仅使对方难堪，破坏气氛，而且使自己显得无风度、没涵养、没水平。这时，最巧妙的办法是使用无效回答。

所谓无效回答，就是用一些没有实际意义的话去做些实质性的回答，推诿搪塞，答了等于没答，而别人又不能说没答。例如：

一男士遇一女士："喂，小李，听说你病了，什么病？"

"不是什么大病。"

"那到底是什么病？"

"一点小病。"

显而易见，这位男士可能是真的关心这位女士，但这问题却很失礼，因为两性间毕竟是有区别的。在这种情况下，小李机警地做了无效回答，非常得体。

生活中，无效回答用得较多的词儿是"没什么"和"不清楚"。

"喂，听说你们经理交桃花运啦？"

"不清楚呀。"好事者无可奈何。

无效回答的方法和策略多种多样，常见的有以下几种：

1.积极的答非所问。我国一位涉外工作者到澳大利亚工作时，一个澳大利亚人问他："你爱澳大利亚吗？"这位同志觉得答"爱"与"不爱"都不合适，于是答道："澳大利亚的袋鼠挺可爱。"这类答复一般用于那些不便于具体肯定与否定的问题。

2.有些荒唐和强人所难的问题，不必硬着头皮去找正确答案，干脆将"错"就"错"，或者偷换概念，歪打正着，这样倒会取得好的效果。据说，一外国人问中国有多少厕所，答："两个，一个是男厕所，一个是女厕所。"既然你的提问违反常情，让人难堪，我何不也让你哭笑不得？

3.消极地回避。直接说出对方不得不承认的避答理由，使双方均不难堪。一次，一位外国记者在中央美术馆和大家谈"女模特儿具有为艺术献身精神"的话题时，问其中的一位女画家："假如让你当人体模特儿，你愿意吗？"公开说"愿意"吧，对一个青年女性非易事；说"不愿意"吧，又是自己打自己的嘴巴。于是，这个聪明的女画家说："这是我的私事，不在采访之列吧？"解脱了窘境，且自然而有道理。

4.诱导对方自我否定。一次，美国前总统罗斯福的一位朋友问他在加勒比海小岛上建立潜艇基地的计划。罗斯福小声问他的朋友："你能保密吗？"朋友脱口而出："能。"罗斯福接过来道："我也能。"显然，罗斯福巧妙地设计了圈套，诱导对方说出自己不想回答的原因，而表面上又是在回答。

无效回答看起来多带消极色彩，实际上它处于积极的守势，守中有攻，柔中有刚。另外，运用无效回答，需要机智，但只要留心学习，也不难掌握。

话说太多总有失误

一位哲人曾说过："话说得太多，总会说出蠢话来。"我们每个人都应牢牢记住这句至理名言。

1956年，苏美最高领导人举行谈判。赫鲁晓夫自恃比艾森豪威尔聪明，结果闹出了不少笑话。

在谈判过程中，不论赫鲁晓夫提什么问题，艾森豪威尔都表现得糊糊涂涂，总是先看看他的国务卿杜勒斯，等杜勒斯递过条子后，他才开始慢条斯理地回答。

据此，赫鲁晓夫认为艾森豪威尔智力低下，而认为自己作为苏联领袖，当然知道任何问题的答案，无须借助他人。赫鲁晓夫当场讽刺说："美国谁是最高领袖？是艾森豪威尔还是杜勒斯？"

从表面上看，赫鲁晓夫显得非常机敏、博学，常常口若悬河，滔滔不绝；而艾森豪威尔却显得迟钝、犹豫，缺乏领袖气概。但事实上却正好相反。

艾森豪威尔在谈判中的智慧表现在两个方面，既能及时获得助手的忠告，同时又为自己赢得了充分的思考时间，避免急中出错。而赫鲁晓夫刚愎自用，闹出了诸如用皮鞋敲讲台的笑话。

谈判中"装聋作哑"的基本方法是：顾左右而言他。即对对方提出的问题不作正面回答，故意躲躲闪闪，答非所问，以此来争取时间，调整自己的思路，或以此来回避自己难于回复的问题。

Part6 言辞达意：意思表达要清晰准确

固然，口才的能力是有赖于相当的训练，但口才的实际基础是建立在人们善于思考、善于观察、兴趣广泛、常识丰富以及强烈的同情心和责任心之上的。没有上述所列举的基础，光是口齿伶俐，也不能成为一个口才好的人。

和陌生人说话有讲究

如果你很难开口跟陌生人交谈，或是你觉得无论到哪里都很孤独，没有人想跟你说话，以下就是一些协助你建立自信的练习方法。你可以在任何地方、任何时间做练习。

1.练习在电梯里和人谈话

你有没有注意过，在电梯里人人皆是噤声站着、直视前方？这似乎是个不成文的规定，限制我们在电梯中彼此交谈。这是谁定的规矩？难道是大楼的管理办法吗？

其实，电梯提供了一个让人简短招呼的绝佳场所。只需要简单的眼神接触、微笑，同时说"嗨，今天天气真好"或"这电梯真慢"，无论什么话都能打破沉寂。这是一招零风险的练习，你大可以满怀自信地去做。因为你很明白，待在电梯里就那么一分钟，或许你永远不会再跟这些人碰面。这个点子是针对"与陌生人交谈"做简单的练习，不是叫你一定要去做和人家接洽生意或是结成终身莫逆（虽然这也可能发生）。

下次你进了电梯后，可以来一个最大胆的"亮相"尝试：你不要直着走进去、立刻转身对众人——把你的背紧贴着电梯门，脸正对着整个电梯里的人。大家会以为你发神经了，但是你可以发言道："我正在上一门名为'如何克服羞怯'的课，其中有一项作业就是要在电梯里练习面对众人。"我保证你会博得众人一笑，而且你会充满自信地离开电梯。

2.练习长一点的会话

从今天起，请在银行或超市排队时跟别人说话。在超市结账时，你可以指着画报上的小道消息说："我前几天在一家自助洗衣店看见过毛宁。"有时候交谈也可以仅止于一声"嗨"，当然，你可能不会以这种方式找到你所爱的人或是你梦想的工作，但是经常做这种练习，会让你习惯与陌生人搭讪。

3.练习和比较不胆怯的人谈话

你可以在快递公司的收货员、邮差、接线员、承办宴会的服务生或是修车厂技工的身上，练习你的胆量和口才。这些人由于职责所在，理当很有礼貌，你可以和他们做有趣的交谈。他们和你生活中的其他人一样重要，同时也可以变成你珍贵的伙伴。

4.请尝试单刀直入的方式

为何要躲开那些胆怯的人呢？你可以大胆走向他们，说："我一直想跟你说话，但是我很怕接近你。"此语单刀直入，切入对方的自我中心，他们会无法抗拒地问你何以如此。这不仅让你开始了一段对话，还是种最有效率的沟通方式，省了一堆繁文缛节。

5.练习学会去冒险

多去参加艺廊的开业典礼，并向艺术家道贺。在商场上一旦你听到什么人做了什么有趣的事，请拨打个电话给他（你可以从期刊上得知消息）。你也可以去听一场你熟悉的主题演讲，主动向主讲人介绍自己。尽量接近成功的人，向他们表达赞美恭维之意，如此就能为你开启机会之门。

6.从谈话中去寻找乐趣

生命充满乐趣，没有什么事必须严阵以待。我们生而为人，是为了要拓展自己、自由思考、全心相爱，这个过程满是乐趣。

积极把新朋友带进你的生活，其收获是让生活得以扩展。这意味着，你的生活将满是新点子、新朋友和新机会；如果你不开金口，是无法得到的。所以，不要害怕，勇敢地运用你的沟通潜能。

生活中要多思多想

许多人以为口才只是口上之才，他们以为口才好的人，只是因为很会说话，而自己却是不会说话的。他们看见许多口才好的人什么都可以说，谈什么都很动听，只是因为他们的口齿伶俐，这种看法是片面的、肤浅的。固然，口才的能力是有赖于相当的训练，但口才的实际基础是建立在他们善于思考、善于观察、兴趣广泛、常识丰富以及强烈的同情心和责任心之上的。没有上述所列举的基础，光是口齿伶俐，也不能成为一个口才好的人。俗话说：巧妇难为无米之炊。

追本穷源，一个口才好的人，必须经常地在观察和思考上面下功夫。他们不断地扩充他们的兴趣，积累他们的知识，培养他们的同情心和责任心。他们谈话的题材源泉是非常充实的，那你呢？是不是每天看报纸？你看报纸的时候，是不是只看看副刊上的小说消遣而已？是不是同时也很注意重要的国际及本地的新闻呢？是不是很留心地去选择节目？是不是随便听听就算了呢？你是不是选择有意义的、精彩的电影和戏剧？是不是看戏时集中精神地去欣赏它们，而不是坐在戏院里打瞌睡？

著名剧作家曹禺曾说：哪一天我们对语言着了魔，那才算是进了大门，以后才有可能登堂入室，成为语言方面的富翁。那么，我们应该怎样来具体学习、锤炼语言呢？下面介绍几种可行、有效的方法。

1.深入生活

生活是语言最丰富的源泉。要使自己的语言丰富起来，一个闭门造车、与外面世界无接触的人，是很难如愿的。老舍曾说："从生活中找语言，语言就有了根。"这话含有很深刻的道理。比如，改革开放，神州巨变，即使是村姑野叟、市井平民，也能滔滔不绝地讲述一些自己耳闻目睹的新鲜事：联产承包、农民进城、别出心裁的广告、奇形怪状的楼房、五光十色的舞厅、色彩斑斓的服装、"老九"下海、孔雀东南飞……我们就应该及时学习、了解这些方面的语言。

俄国伟大的批判现实主义作家托尔斯泰称赞人民是一班语言的"大家"。语言的"天才"，的确存在于人民群众之中。比如，我们讲话常用程度副词——"特"，如"特棒""特靓""特正""特红""特香""特佳"……数不胜数。通常，广大群众所使用的生活用语更是数量惊人，丰富多彩，活泼动人，这一切也都是我们平时要注意的。

2.扩大知识面

知识贫乏是造成语言贫乏，特别是词汇贫乏的一个重要原因。如果《红楼梦》的作者曹雪芹没有相应的词汇来描写贾府上上下下的规矩、内内外外的礼教，王熙凤的泼辣、干练、狠毒性格就肯定难以惟妙惟肖；如果《水浒传》的作者不懂得江湖勾当，不懂开茶坊的拉线、收小、说风情及趁火打劫的种种口诀，他就不可能把那个成了精的虔婆王大娘刻画得绘声绘色。改革开放这些年来，新词语铺天盖地而至，令人目不暇接。

甚至还有一些特别能生成词语的格式，如："××迷""××热""××王""迷你××"等，利用这些格式可以生成一大批词语。这些词语或者从国外引进，或者是时尚的创造，或者是旧词的复活。有些词语，如AA制、B超、T恤衫、卡拉OK，汉字与洋文夹杂，就是词典专家也被它们弄得不知所措，不知道该怎么把它们放在词典中排序。

词语是社会生活最敏感的反应器，新词爆炸反映了新生事物的层出不穷，反映了我们当今社会在改革大潮中的迅猛发展，反映了我们当今生活在开放洪流中的日新月异，我们对这些新的词语应及时掌握，学会运用。

3.阅读名著

"熟读唐诗三百首，不会作诗也会吟"的经验之谈，是大家所熟悉的，它告诉人们要学习口头语，提高说话的技巧，就应多读名著。"穷书万卷常暗诵"，吟咏其中，则可心领神会，产生强烈的兴味。摸熟语言的精微之处，则会唤起灵敏的感觉；熟悉名篇佳作的精彩妙笔，则会获得丰富的词汇，自己演说和讲话时，优美的语言亦会不召自来，这并非天方夜谭之事。只要我们潜心苦读，勤记善想，揣摩寻味，持之以恒，就能尝到醇香厚味，如果反复地用，不断地学，久而久之就可以像郭沫若所说的那样："于无法之中求得法，有法之后求其他"了。

懂一点提问的艺术

我们在社会交际中，要学会经常向别人提问。提问对于促进交流、获取信息、了解对方有重要的作用。一个善于提问的人，不仅能掌握会话的进程，控制会话的方向，同时还能开启对方的心扉，拨动对方的心弦。

要使提问达到预期目的，必须做到以下几点：

1.一般提问

据社会学家的分析，任何发问都适用于一般提问方式。这种提问方式可以调动对方回答的积极性，满足对方渴求社会评价嘉许与肯定的心理。一般提问方式如果能配以赞许的笑容，效果就会更好。

2.选择提问

提问要有所选择，不要提出明知对方不能或不愿作答的问题。一开始提问不要限定对方的回答，也不应随意搅乱对方的想法。

3.真诚提问

不要故作高深、盛气凌人、卖弄学识，要给人以真诚和信任的印象，形成坦诚信赖的心理感应和交谈气氛，交谈才能正常愉快地进行。

4.续接提问

如果一次提问没有达到问话目的，运用续接提问是较为有效的。例如，你可以继续问"你是如何想办法的""为什么会这样呢"，或者以适当的沉默表示你正在等待他进一步回答，使对方在宽松的气氛中更详尽地讲述你想知道的内容。

5.因时提问

提问要看时机。亚里士多德说过："思想使人说出当时当地可能说的和应当说的话。"说话的时机，就是说话的环境。它包括两人所处的自然环境、社会环境、语言环境和心理环境。一般说来，当对方很忙时，不宜提与此无关的问题；当对方伤心或失意时，不要提会引起对方伤感的问题；在业余时间里同医生、律师等谈话，也不要动辄请教有什么病该怎么治、或有什么纠纷该如何处理，对于这类过于具体的问题，人们在大部分情况下，往往是不愿涉及的。所以提问要像屠格涅夫所说的那样："在开口之前，先把舌头在嘴里转十个圈。"这样你的提问才能得到满意的回答。

6.因人提问

人有男女老幼之分，有千差万别的个性，有不同的工作岗位和生活环境，有不同的知识水平和社会阅历等等，所以，提问必须以对象的具体情况为准。对象不同，提问的内容和方式自然会有所区别。

7.适当提问

提问一定要讲究得体，便于对方回答。提问能否得到完满的答复，在很大程度上取决于怎样问。适当地提问，能使人明知其难也喜欢回答。当我们需要对方毫不含糊地作明确答复时，适当提问是一种较理想的方式。

8.诱导提问

这种提问方式是巧妙地诱导对方说出自己的心里话，同时它也是一种"迂回"对策。

总之，提问是开启对方话题的金钥匙。提问要形象、贴切，不可生搬硬套，提问是主要，说明问题是次要，说明问题只是为提问服务。

懂一点回答提问的艺术

有经验的交谈者在接到对方的提问后，能立即思考并选择出一个最佳的回答方案。回答对方提问时，头脑要冷静，不能被提问者所控制，对于提问能答即答，不愿回答的可以想办法回避。

回答提问有以下几种方法：

1.扣题回答

这是最常用的一种回答方式。答话如果没有针对性，轻则给人留下一个很不好的印象，重则影响交往。所以，听人说话时一定要精力集中，回答一定要有针对性。

2.借题回答

巧妙地利用对方的问话，在回答提问时能收到良好效果。如果仿照和借用问话中的语气和词句，用一种出人意料的应答方法来回答，则是应付问话较为理想的办法。

3.设定回答

对方的提问，有时可能会很模糊、荒诞甚至愚蠢，以至于我们很难回答。这时，我们可以分析清楚，用设定条件的方法进行回答。

4.颠倒回答

回答提问时，如果将对方的语序颠倒一下，就可能成为一个与原来问句的意义截然不同的句式，如果用得好会十分有效。

5.幽默回答

在交际过程中，一些提问如果不好直接作答，但又不能避而不答，可以用幽默回答。这样能起到很好的效果。

6.委婉回答

交际中会有一些使人不便直说的事情，因此，对某些问题，可委婉回答，以求回答婉转而又不失礼貌。

7.诱导回答

所谓诱导回答，就是要设法诱使对方根据自己的思想进行提问。

8.含糊回答

回答提问要求简明、精确，但在实际应用中也有另一种情况，就是不便于把话说得太明确，这时就需要具有弹性的含糊回答。

9.转换回答

这种方法就是故意转换自己不愿触及的话题，用另一个完全不同的内容来回答。一般来说，这种方法必须自然，要使转换的话题与原来的话题尽量有某种联系，同时还要及时。转换要抓住时机，找准借口，在对方的话题还没有充分展开之前就以新的话题取而代之。

交际中，提问要巧，回答要妙。机智的回答是高层次语言艺术境界，能使你在社会交往中左右逢源。

说出口的话要准确

与人说话，应该特别留神。你要说的话，最好事先打好腹稿，列出纲要，免得临时遗漏；说话开头，先要定一定神，态度从容，双眼注视对方，表现出诚恳的神情，并随时注意对方是否赞成你的意见，还是不以为然，据此随时调整你的说法，如果发觉对方露出不愿意多听的神情，你就该设法结束话题。如果对方有疑问，你就该多做解释，如果对方乐于接受你的见解，你就该单刀直入，不要再绕圈子，如果发觉对方要插口的样子，你就该请对方发表意见，对方的答话，你要特别注意，特别留神。

同样一个"喔"字，有不同的表示。"喔。"是表示知道了；"喔！"则是表示惊奇；"喔？"是表示疑问。如果他说"好的，就这样吧。"这是完全接受；"好的，以后再谈吧！"这表示不肯接受；"好的，等我研究研究。"这是原则上可以同意，办法还须讨论；如果他说："好的，你听我的回音。"这是肯帮忙的表示；"好的，我替你留意。"这是没有把握的表示；"好的，我替你设法。"这是肯负几分责任的表示。你能够细细体会，便知道此次说话是否成功了，老于世故的人，往往不肯做露骨的表示，很容易使你误解他的意思。

太肯定的回答，最易造成不愉快的后果。一切回答必须留些回旋的余地，万一临时不能决定，你可以回答："待我考虑后，再答复你吧！"或者说："待我与某某商量后，由某某答复吧！"前者是接受与不接受各占一半，后者多数是婉言拒绝。如果对方唠叨不停，你不愿意再听下去，也有几个方法可以应付，你可以讲些其他无关紧要的话，转移方向，也可以说："好的，今天就谈到这里为止。"然后立起身来，说声："对不起，再见！再见。"他自然会中止谈话。

对方若是一个喜欢刺探你的意思的人，往往会迂回曲折，中间插入一句主要的话，希望你暴露真情，你如果不愿意告诉他，应该特别留神那句主要的话，设法避过，或者故意当作没有听见，或者含糊其词，或者说"不便奉告"，来阻挡他不断地进攻。此外宿醉未醒，不要见客；盛怒之后，不要见客。醉时容易说错话，泄露秘密；怒后容易迁怒来客，无端得罪人。人与人之间好感难得，恶感易成，所以与人对话，必须谨慎。当然知己相聚，上下古今，东西南北，与之所至，无所不谈，不必有所拘束，但是谑浪之谈，也要有度，否则一言失误，感情便会产生裂痕，这就不可不防，不可不小心谨慎了。

把想法清楚地表达出来

1.讲话的快慢要合度，声音要适中

在交谈过程中，首先要留意自己，说话是不是太快了？如果说话快而致字音不清，就会使人听了等于没听。即使快而清楚，也不足效仿。说话的目的在于使人全部明了，别人听不清，听不懂，就是浪费时间。故我们要训练自己，讲话的声音要清楚，快慢要合度。说一句，人家就可听懂一句，不必再问。要清楚，陌生人或地位比你低的人是不敢一再请你重说的。

其次，说话的声音不要太响。在火车里、在飞机上，或者是在有严重噪声干扰的地方，提高声音说话是不得已的。但是平时就不必要也不能太大声，在公共场所或在会客室里，过高的声音会使对方感到不舒服。

说话虽不能太快也不能太响，但在谈话中，每句话声调也该有高有低，有快有慢。说话有节奏，快慢合适，这可使你的谈话充满情感。你可留心那些使人听而忘倦的人的说话方法，留心舞台上的名角念词的方法。

2.要揣摩如何用词，说话越简练越好

有些人在叙述一件事情时，拼命说许多话，还是无法把他的意见表达出来，结果对方费了很多时间与精力，却抓不到他话中的意思。所以，话未说出时，应先在脑中打好一个草稿，拟几个要点。

沟通，是人与人之间特有的联系方式，而企业与外部环境的沟通，是人与人之间关系的一种放大。管理沟通既是一门技术，又是一门艺术，它有特定的规律和技巧。学习和掌握这些技巧，不仅会使人工作时心情舒畅，而且会使人人缘极好，生活美满。对公司来说，有效的内外沟通是确立良好的社会形象、获取成功的秘诀之一。

良好的沟通能力，从某种意义上讲可能比知识水平、分析能力和智力程度更为重要，良好地沟通，应注意以下几点：

（1）你必须机灵一些，创意要能提起人的兴趣。如果你总是向老板唠叨一些婆婆妈妈的琐事，你的前途就无望了。

（2）与人沟通必须带有自信，不说废话才是懂得沟通的干练之才。

（3）轻松潇洒的态度对于沟通的成功至关重要。你如果过于紧张，别人看着也会难受。

（4）说话人的诚实会给对方一个好的印象。因为世上说谎行骗的人太多了，诚实一定会有助于你的成功。

（5）对方的兴趣所在是关心的焦点，对对方的好恶要敏感。

（6）保持适当的幽默感。

（7）不要让情绪左右讯息的传递。不要心里不同意对方的话，或是另有看法，就打断别人的话。倾听并不等于完全同意对方，它只是一个"听"的动作。

（8）不要急于下结论。未经仔细考虑而下的结论，即使当时双方都很满意，日后也有可能造成麻烦。例如，太快决定雇用某人，很可能造成日后时间、金钱及精力的浪费。

（9）决定你反应的方式。除非确定对方的话已经快要讲完了，否则不要太早下结论。

第一个反应一定要对对方作正面肯定的回答，就算你完全不同意对方的观点，至少感谢他愿意花时间和你一谈。

说话的基础方式和礼仪

1.不要把别人当"机器人"

心理学教授坎贝尔说："我始终不明白，为什么要有机器人这个说法。只要词语中带有人字，无疑意味着人为地拔高物质的高度。我认为应该把机器人称为机器鬼，这样就不至于把机器和人搅和在一起。反正机器人这个说法令人觉得别扭。"

不要以为他人是机器人，可以由你想怎样操纵就怎样操纵。只有学会尊重他人，意识到对方也拥有充分的潜能，能够从他人的角度理解问题，才会有真正意义上的沟通。

永远没有完美的技巧，但经由技巧却可能有完美的结果。这也是果实优于枝条的道理。

沟通是相互的事，一个巴掌拍不响。当你运用技巧时，别人也会运用技巧。当然，沟通是有目标的，你可以使自己的愿望处于优势，并且尽可能达到这个对自己有利的结果。但这多少有些一厢情愿，因为别人也运用技巧，彼此力量的消长有一个合适的终点，那是双方可以接受的结果。沟通能达到这个目的，双方都应该满意，虽然这个结果跟你渴望的结果有些差别，但也应该坦然接受。

2.尽量多采用含蓄的暗示方法

既然他人不是机器人，那他人理所当然应该受到你的尊重。而尊重他人的妙招应该算是暗示吧？暗示就是为了保全他人自尊时采取的一种比较含蓄的不直接指责、指使他人的方法，也就是间接地让人做出你希望他人做的事。

暗示可以成为他人行动的动力，他们在接受暗示时，已经感到了受尊重的意味，就会主动帮你达到你渴望的结果。暗示可以让人心甘情愿地和你沟通。

3.运用漂亮的语法

世上每一种语言都有其特殊的美，其中都有很漂亮的语法。沟通也是一种语言交流，漂亮语法的运用就很合适。

当然，漂亮语法绝不是指滥用形容词之类肤浅的手法。它的的确确是一种语法，它将各种词语巧妙地运用，不仅仅限于形容词。

"然后……""这时……"等语法可以给人流畅感，他人就容易顺应你的思路，起承转合之间，沟通已经趋向圆融。使用"因为……所以……"等语法，则给人很讲逻辑，很讲道理的感觉，他人就会心服，谁愿意跟一塌糊涂不讲理的家伙打交道呢?

语法是有玄机的，成功地运用玄机的语法都是漂亮的语法。在漂亮语法当中，先尊重对方的态度，然后，说出自己的要求，只要语法得当，就算前后矛盾，对方也不会觉得受到伤害，可以接受你的观点和建议，并愿意合作。

4.移动对方的观点

在沟通时，接纳对方的观点，然后再削弱对方的观点，是一个尊重对方的好办法。生活中，人的观点多种多样，纷繁复杂地围绕在你周围。这些观点有容易理解的，也有摸不着头脑令人难以把握的。观点是容易冲突的，人都不愿放弃自己的观点，所以，沟通时不要破坏对方的观点，只能悄无声息地移动对方的观点，让它靠拢自己的人生观。记住，移动，不是改变。

移动对方的人生观，可以采用游戏性质的做法，让别人感觉不到严肃的压力，因为人生观可是个严肃的大问题。而在游戏中，人生观稍有移动和变化，对方是不会觉察的。

5.运用动作进行暗示

我们的人体是有语言的，我们的动作往往可以暴露我们的心情。同样地，他人的动作也会泄密。所以，沟通中的人对他人的动作是很敏感的，你正可以利用它。

如果与人交谈时，你做侧头深思的动作，你的体语就告诉对方，这个问题你有疑问，这比直接予以打断他人的语流更有效，不至于立刻和对方抵触。他人一定会问："有什么不懂吗？"这样由他人自己中断语言流程，可以有效地保证他人自尊心不被伤害。

如果想中断谈话，急于离开去做别的，你可以不停地偷看手表。手表有时候可能就是心理时间的外壳。他人会问："有事吗？你可以先走。"你就可以很有礼貌地全身而退。

体语的运用，很讲究空间。在宽敞的房间里交谈，彼此可以做到公平。但要达到亲密关系的程度，还是狭窄房间为好。谈话时中间不隔着桌子更容易融洽。距离上的靠近也会造成精神的靠近。

体语也可以保全自己的尊严。迟到时气呼呼地表现着急赶来的样子，他人容易原谅。

6.乔装弱者

世上总有很多人喜欢表现自己的力量和能耐，在他们眼中，他人总不如自己。这种人很可能令你讨厌，但你可以利用他们。他们喜欢表现就给他们表现的机会嘛。

最简单的办法就是，在他们面前故意表现得笨手笨脚，他们会哼着鼻孔走过来说："真是差劲，让我来！"于是，他们就自己动手做起来。这个方法儿童们都会用，何况成人。

最聪明的办法是询问，表现得很虚心的样子去求教，他人怎么会不理睬，说不定一边做一边教你怎样做呢！

7.注意谈话时的礼节

适当的礼节，不仅对于人与人之间的交往是十分重要的，而且在谈话中，它也起着不可忽视的作用。因此，一个有经验的谈话者总是保持着恰如其分的礼节。

（1）谈话的表情要自然，语气和气亲切，表达得体。说话时可适当做些手势，但动作不要过大，更不要手舞足蹈，不要用手指指人。与人谈话时，不宜与对方离得太远，但也不要离得太近，不要拉拉扯扯，拍拍打打。谈话时不要唾沫四溅。

（2）参加别人谈话要先打招呼，别人在个别谈话时，不要凑过去旁听。若有事想与某人说话，应待别人说完。有人与自己主动说话，应乐于与其交谈。第三者参与谈话，应以握手、点头或微笑表示欢迎。发现有人欲与自己谈话，可主动询问。谈话中遇有急事需要处理或要离开，应向谈话的对方打招呼，表示歉意。

（3）谈话现场超过三人时，应不时地与在场的人都谈几句，不要只与一两个人说话而不理会在场的其他人，也不要与别人只谈两个人知道的事情而冷落第三者。如所谈问题不便让旁人知道，则应另找场合。

（4）在交际场合，自己讲话要给别人发表意见的机会，也应适时发表个人看法。要善于聆听对方谈话，不轻易打断别人的发言。一般不提与谈话内容无关的问题。如对方谈到一些不便谈论的问题，不对此轻易表态，可转移话题。在相互交谈时，目光应注视对方，以示专心。对方发言时，不要左顾右盼，心不在焉，或者注视别处，显出不耐烦的样子，也不要老看手表，或做出伸懒腰、玩东西等漫不经心的动作。

（5）注意谈话内容。尽量不要涉及疾病、死亡等事例，不谈一些荒诞离奇、耸人听闻或者黄色淫秽的事情。一般不要询问女士的年龄、婚姻状况。所谓"见了男士不问钱，见了女士不问年龄"是也。不要径直询问对方履历、工资收入、家庭财产、首饰价格等私人生活方面的问题。与妇女谈话不要说她长得胖、身体壮、保养得好等话，对方不愿回答的问题不要追问，也不要究根问底。对方反感的问题应表示歉意，或立即转移话题。

（6）男子一般不要打扰或参与妇女圈内的议论，也不要与妇女无休止地攀谈而引起旁人的反感侧目。与妇女谈话更要谦让、谨慎，不与之开有伤大雅的玩笑。争论问题要有节制。

（7）谈话中要使用礼貌语言，如你好，请，谢谢，对不起，再见……在社交场合中谈话，一般不过多纠缠，不高声辩论，更不能恶语伤人，出言不逊。即使争吵起来，也不要斥责，不讥讽辱骂，最后还要握手道别。

Part7 言由心生：好口才要情真意切

　　说话要有分寸，分寸拿捏得好，很普通的一句话，也会平添几许分量，话少又精到，会让人感觉你有深度。而说话的分寸决定于与你谈话的对象、话题和语境等诸多因素的需要。换句话说，要言之有度。

说话的目的就是表达思想

为了使我们的语言能够更好地表达出我们的本来意思或者思想，我们在说话的时候还力求要达到以下三个方面的要求：

1. 说话要有逻辑性

言之有序是指说话要有条有理，不颠三倒四，不丢三落四，按照一定的逻辑顺序把事情、道理说清楚，体现说话人的思路清晰，它还指说话者观点明确、前后一致、说理严密、合乎逻辑。这个逻辑就是说话人要共同遵守的说理规则，下面介绍两种说理的逻辑方法。

（1）类比法。这是一种根据两类事物某些属性的相同或相似，推断出它们其他属性也可能相同或相似的逻辑方法。运用这种方法说理，有助于听话人触类旁通地明白事理。例如，老作家秦牧《试谈积累知识和描绘事物》中的一段话："最后谈谈基本功的问题。基本功对于拿笔杆子的人很重要。不练是不行的。俗话说：'拳不离手，曲不离口。'绘画的人常画，唱歌的人常唱，而搞文字的人怎么可以几个月不写东西呢？"把写作和绘画、唱歌类比，它们都属于文艺创作的范围，具有相同的基本属性，且通俗易懂，有说服力。但是要注意不要机械类比，就是把事物间的偶然相同或相似作为论据，或者是把表面上有些相似，而实质上完全不同的事物进行类比，从而推出一个荒谬的或毫不相干的结论。

（2）反证法。中国成语中有一个"自相矛盾"的故事，有一个人同时贩卖矛与盾，他向买家吹嘘他的矛是"无坚不摧"的，盾呢，是刀枪不入的。于是，有人马上提议"以子之矛，攻子之盾"来验证一下他的宣传是否可靠，这人当场哑口无言。这就是反证法的具体运用。有时对某个道理或问题，不容易从正面解释或反驳，不妨就换个说理方法，通过论证与此相反的论题的正确与否，来反面说明问题的是非曲直。

为了让我们说话更加具有说服力，不如学习一些简单的逻辑方法，除了以上介绍的两种，还有两难逻辑、归谬法等。

2. 说话要有分寸

说话要有分寸，分寸拿捏得好，很普通的一句话，也会平添几许分量，话少又精到，给人感觉深思熟虑。而说话的分寸决定与你谈话的对象、话题和语境等诸多因素的需要。换句话说，要言之有度。

有度的反面则是"失度"，什么叫作"失度"呢？一般说来，对人出言不逊，或当着众人之面揭人短处，或该说的没说，不该说的却都说了，这些都是"失度"的表现。下面我们就简要介绍一些在谈话中禁忌的话题，接触这些话题容易导致谈话"失度"，产生不良效果。

第一，健康状况。当然如果是和十分亲密的人交谈，这种情况不在此列。

第二，有争议性的话题。除非很清楚对方立场，否则应避免谈到具有争论性的敏感话题，如宗教、政治、党派等易引起双方抬杠或对立僵持的话题。

第三，他人的隐私。包括年龄、东西的价钱、薪酬等涉及隐私的话题不要接触，容易引起他人反感。

第四，个人的不幸。不要和同事提起他所遭受的伤害，例如，他离婚了或是家人去世等。当然，若是对方主动提起，则要表现出同情并听他诉说，但不要为了满足自己的好奇心而追问不休。

在人际交往中，谈话要有分寸，认清自己的身份，适当考虑措辞。哪些话该说，哪些话不该说，应该怎样说才能获得更好的交谈效果，是谈话应注意的。同时还要注意讲话尽量客观，实事求是，不夸大其词，不断章取义。讲话尽量真诚，要有善意，尽量不说刻薄挖苦别人的话，不说刺激伤害别人的话。

3. 说话要委婉含蓄

委婉是一种既温和婉转又能清晰明确地表达思想的谈话艺术，是运用迂回曲折的语言含蓄地表达本意的方法。说话者特意说些与本意相关的话语，以表达本来要直说的意思。这是语言交际中的一种缓冲方法，它能使本来也许困难的交往，变得顺利起来，让听者在比较舒适的氛围中领悟本意。

它的显著特点是"言在此而意在彼"，能够诱导对方去领会你的话，去寻找那言外之意。从心理学的角度来看，委婉含蓄的话，不论是提出自己的看法还是劝说对方，都能比较适应对方心理上的自尊感，使对方容易赞同，接受你的说法。有些话，意思差不多，说法稍有不同，给人的感觉却大不一样，例如，谁——哪一位；不来——对不起，不能来；不能干——对不起，我不能做；什么事——请问你有什么事；如果不行就算了——如果觉得有困难的话，那就不麻烦你了……前者太直白，后者委婉动听了许多，让人容易接受。

林肯一直以具有视觉效果的词句来说话，当他对每天送到白宫办公桌上那些冗长、复杂的官式报告感到厌倦时，他提出了反对意见，但他不会以那种平淡的词句来表示反对，而是以一种几乎不可能被人遗忘的图画式字句表达。"当我派一个人出去买马时，"他说，"我并不希望这个人告诉我这匹马的尾巴有多少根毛，我只希望知道它的特点何在。"

委婉含蓄的表达方法有以下几种：赞扬法，目的是顾全对方的面子，使对方容易下台；暗示法，很难说出口的话可以采用这种方法；模糊法，只可意会不可言传。

善于以情理服人

有的话带有明显的目的性，如说服、劝解、抚慰、交心、解释等。为了达到这样的目的，最有效的手段就是以情理服人，做到入情入理，这样的交谈才会有效。古人讲，精诚所至，金石为开。在人际交往中，人们彼此的情感是相互作用与影响的，只有情相通，心相近，所说的话才能在对方的心灵上产生共鸣，发挥作用。因此要向对方说理，必须先了解对方的心理与情感需求，站在对方的角度考虑，思想感情上接近、沟通，产生"自己人"效应，说理才能奏效。

当然，以情说理，重要的是找准对方情感上的"突破口"。先秦纵横家的鼻祖鬼谷子曾经说过："仁人轻货（财物），不可诱以利，可使出费；勇士轻难，不可惧以患，可使拒危；智者达（知晓）于数明于理，不可欺以诚，可示之以道理，可使立功。"就是说要抓住对方心理与情感上最易打动之处，将"情理"和对方的个性、处境、心思等因素紧密相连，申明利害，满足其最高情感价值需求，使之心动。而且在说理过程中，还要善于适应对方情绪思路的变化，因势利导。如顺着对象具有的种种疑虑，层层排除；顺着其合理的见解，适时赞许；根据其两难的处境谋划协助之；根据他憎恶的地方献策对付之。这种揣摩情意的说理方法通常能够取得很好的效果。

将以情服人与以理服人结合起来，做到春风化雨，润物无声。晓之以理，动之以情，才能在与人交流的时候达到目的。

把握原则也要懂得变通

原则，是一条待人接物的轨道；但是墨守原则，这条轨道便会成为碍手碍脚的束缚，不但窄化了你的视野，而且局限了你的人生。做人的最高原则，应该是"可以随时改变你的原则"。

从前有个读书人，自认为学富五车，无论做什么事情，都喜欢引经据典、咬文嚼字一番。根据他的说法，是为了"不违古训"，展现读书人的"满腹经纶"。

一天，读书人的家里突然发生火灾，救火不及的大嫂气喘咻咻地对他说："快点叫你哥哥回来救火，他在隔壁王大爷家下棋。"

读书人出了大门，他心想："嫂子叫我快一点，这有违古训，圣贤书上不是都说'欲速则不达'吗？我怎么能匆匆忙忙的呢？"

因此，他慢慢吞吞地走到王大爷家，看见哥哥和王大爷正在兴高采烈地下棋，读书人走上前去，默默地站在哥哥身旁观棋。好不容易，这局精彩的棋总算下完了，读书人这才说道："哥哥，家里失火，嫂子叫你快点回去救火！"

哥哥一听，简直气得说不出话来，他浑身直抖，过了好一会儿，才咬牙切齿地骂道："这么严重的事，你为什么不早点说？"

读书人一脸理所当然的样子，指着棋盘上的字说："难道你没看见这棋盘上清清楚楚地写着'观棋不语真君子'吗？"

到了这种地步，还要什么斯文！哥哥听不下去，举起拳头正要打他，但想一想，到了这种地步就算打了也无济于事，于是硬生生地将拳头缩了回来。

读书人见哥哥缩回拳头，反而把脸凑了过去，说道："哥哥，你打吧！棋盘上写着'举手无回大丈夫'，你怎么可以把手缩回去呢？"

孔子说："深则厉，浅则揭。"意思是当人们穿着衣服过河时，若是遇到水浅的时候，可以把衣服拉高了涉水过去，但是万一水太深了，怎么样都无法避免弄湿，你又何必多此一举地把衣服拉高呢？

连孔子这样的至圣先师都不能不依照情况调整他做人处世的方法，我们身为凡夫俗子，又岂能不知变通？

每个人都有自己的原则，都有自己的习惯，但是当情况改变了，你若不能跟着改变，就会被淘汰。

固守原则，未必是件坏事，但是不知变通，你的路便会越走越窄。只有纵观全局的人，才能进退得宜，海阔天空。

永远都要记住"有话好说"

古希腊政治家狄摩西尼曾说："一条船可以由它发出的声音知道它是否破裂，一个人也可以由他的言论知道他是聪明还是愚昧。"

这句话告诉我们，人们往往用内心的思想来评断自己，但是，别人却会从你口里说出来的话来评断你这个人。

纪晓岚是众所皆知的机智才子，此外，他还是个绝佳的沟通高手。纪晓岚在小的时候就已经非常有大将之风了。有一次，他和几个孩子在路边玩球，一不小心，把球丢进了一顶轿子里。

大家匆匆忙忙地跑过去一看，这可不得了！轿子里坐的竟然是县太爷，不仅如此，那个皮球还不偏不倚地击中了他的乌纱帽！

"是谁家的孩子胆敢在这里撒野？"乌纱帽被天外飞来的一球打歪了的县太爷怒斥道。孩子们一哄而散，唯独纪晓岚挺着胸膛，走上前去想讨回皮球。

纪晓岚恭敬地对县太爷说："大人政绩卓越，百姓生活安乐，所以小辈们才能在这里玩球。"

县太爷一听，气马上消了一半，他笑着说："真是个小鬼灵精！这样吧，我出个上联给你对，要是你对得上，我就把球还给你。"

县太爷环顾了一下四周，出了道题目："童子六七人，惟汝狡！"

纪晓岚眼睛一转，说出了下联："太爷二千石，独公……"

"独公什么？赶快说啊！"

"大人，如果把我的球还给我就是'独公廉'，要不然就是'独公……'"纪晓岚故意支支吾吾地不说下去。

县太爷看到这种情形，不由得哈哈大笑，他一边把球还给纪晓岚一边笑骂道："好小子，真有你的！我才不要中了你的圈套，成了'独公贪'咧！"

一言定江山，一个人的谈吐便有可能改变他的一生。20世纪60年代，美国有一位民权运动者，在街头巷尾宣传"种族平权运动"。他的声音冷静，但用字遣词充满张力，一波接着一波的言语像一首交响乐，以一种锐利的形势层层迭上、推进人心。

当他终于以最深沉的嗓音嘶吼出"我有一个梦想！我有一个梦想"时，台下的群众全被震慑住了，他们疯狂地响应着："阿门！阿门！"

这个名叫马丁·路德·金的民权运动者，便以这篇著名的《我有一个梦想》的演讲席卷全国，改写了美国的历史。

征服一个人，以至于征服一群人，有很多时候用的往往不是刀剑，而是舌尖。

我们也许没有纪晓岚的机灵，没有马丁·路德·金的魅力，但是"有话好说"，仍是我们必须用一生来学习的艺术。

说话之前先了解状况

富兰克林曾经提醒我们："当发怒和鲁莽开步前进的时候，悔恨也正踩着两者的足迹接踵而来。"

遇到不如意的事情就勃然大怒，只不过是宣泄自己的不满情绪而已，绝不会帮助自己解决问题或是走出困境。

某企业的一个市场调查科长，因为提供了错误的市场信息而造成了企业的重大损失。犯了这样严重的错误，毫无疑问，企业总经理可以不问理由地对他进行斥责，甚至撤职。

但是，这位怒上心头的总经理还是忍了忍，他想得先了解一下：到底是这位科长本身不称职而听信了错误信息呢，还是由于不可预料的原因导致的？

于是，这位总经理压下了心中的怒火，只是心平气和地把科长叫来，让他把判断失误的原因写一个报告交上来。

事情就这样拖了一段时间，几个月之后，这家公司因为这位市场调查科长提供的信息极为准确而大赚了一笔。

于是，总经理又叫人把那位科长请来，说："你上次的报告我看了，你们的工作做得不太细致，有一定责任，但主要是不可预测的意外原因造成的，因此公司决定免除对你的处罚，你也就不要把它再放在心上，只要以后记取教训就行了。这一次，你做得不错，为公司提供了重要信息，我们仍然一样地表扬你。"

说完之后，总经理随即从办公桌里拿出一个红包递给他，这位科长接过来时，不禁眼眶泛红。

俄国文豪屠格涅夫曾经说道："开口之前，应该先把舌头在嘴里转十个圈。"

因此，千万要切记，在开口批评人之前，一定要了解事实，在心里问一下自己："我不会搞错吗？"

否则，乱指责人，不仅落了个乱骂人的坏名声，事后还得向下属赔礼道歉。

然而，就算是你能放下架子，坦率地向下属说："对不起，是我弄错了。"下属所受的伤害和内心对你的憎恶，却很难一下子就冰释。

如果你了解这个错误确实是下属犯的，也还要进一步调查和思考：这个下属该承担多大的责任？错误的原因是不可避免的？是一时的疏忽？还是责任心不强？甚至是明知故犯？

因此，你一定要管好自己的口，要牢记一句话："没有调查就没有发言权。"见到问题时，先别忙着发怒和批评人，而是去了解情况。

这样一来，主动权就操纵在你的手里，你想在什么时候、采取什么方式对他进行批评，完全由你决定。

不要触及别人的痛处

我们在和别人交谈的时候还应当注意到每个人身上也都有几片"逆鳞"存在，唯有小心观察，不触及对方的"逆鳞"，也就是我们所说的"痛处"，才能保持圆融的人际关系。

英国作家托马斯·富勒曾经写道："失足引起的伤痛很快就可以恢复，然而，失言所导致的严重后果，却可能使你终身遗憾。"

一个人若想和上司、同事建立良好的人际关系，一定要记住：保持适当距离，做事公私分明。尤其要注意，言谈之间不要说到别人的痛处。

被击中痛处，对任何人来说都是件不愉快的事。

不管在什么情况下，不去碰触别人的痛处，不但是待人处世应有的礼仪，更是在都市丛林中左右逢源的关键。

有修养的人即使在盛怒之下，也不会扩散愤怒的波纹；但是涵养不够的人，被激怒了，往往就会面露凶貌，口出恶言，甚至随手拿起手边的东西往地上摔。

某些人暴跳如雷的时候，还会口不择言，用侮辱性的语言攻击别人最敏感的隐私，这是相当不明智的行为。

一旦你攻击他人的痛处，修养好的人虽不至于当场发作，与你破口对骂，但心中的疙瘩和怨恨往往难以抹平，如果不幸他是你的上司或客户的话，你就会变成被"封杀"的对象。

在公司里，"封杀"意味着调职、冷冻、开除。

如果你是公司负责人，"封杀"就代表对方拒绝继续与你往来，或是"冻结彼此的关系"。

中国古代有所谓"逆鳞"的说法，强调即使面对温驯的蛟龙，也不可掉以轻心。

传说中，龙的咽喉下方约一尺的部位，长着几片"逆鳞"，全身只有这个部位的鳞片是逆向生长的，万一不小心触摸到这些逆鳞，必定会被暴怒的龙吞噬。

至于其他部位，不论你如何抚摸或敲打都没关系，只有这几片逆鳞，无论如何也触摸不得，即使轻轻摸一下也犯了大忌。

说话时要会换位思考

说任何话之前，我们要在脑海中替别人想一想。这样说出的话才不会引起矛盾和误会，也大体上不会犯错误了。

其实，生活中我们很多时候犯的错误往往来自只从自己的角度思考问题。为了避免这样的错误，就得学会换位思考，并在此基础上调整行为的方式。换位思考就是完全转换到对方的角度思考，从而更理解人、宽容人，就是要求在观察处理问题，做思想工作的过程中，把自己摆放在对方的角度，对事物进行再认识、再把握，以便得到更准确的判断，从而说出话也才能真正说到别人的心窝里。

《圣经》里有这样一个故事。一次，大家要砸死一个妓女。耶稣说："可以，可是你们每个人都要扪心自问，谁没有犯过错误，那他就可以动手。"在场的每个人都自觉问心有愧，最后谁也没有砸她。为何所有人在耶稣的这个问题前变得不敢动手了呢？因为没有一个人有动手的资格——只要想到自己原来也有可能犯错，就能同情这位妓女了。

即使是最没本事的人，在责备别人时往往也能够大发议论；即使是最聪明的人，在对待自己的缺陷时也往往糊涂。我们只要经常用指责别人的态度来要求自己，用宽恕自己的心思去对待别人，怎么不可能有大进步呢？

儿时常做一种游戏：两腿叉开，头向下从两腿之间往后看过去。本来习以为常的乡间景色便有了新意，让人百玩不厌，常玩常新。成年后多了些社会生活经验，又读了些书，知道那种看似简单的游戏实际上蕴藏着并不简单的道理：换位思考。

仔细想来，生活中诸多不快、诸多矛盾的引发，未必都有多么复杂、多么严重的理由，如果能够互相了解、互相理解，或许就根本不会发生，而换位思考就是达到互相理解的一种有效途径。

说话时不宜开过头的玩笑

几个好朋友聚在一起时，大家开开玩笑，相互取乐，说话不受拘束，原是一件让人高兴的事。不过凡事有利也有弊，乐极生悲，因开玩笑而使朋友不快的事情也常常遇到。因此，有的人竟认为谈话时开玩笑应该避免。这是大可不必的。如果在好朋友见面连开玩笑的话也不许说，那么生活也未免太乏味了。所以，生活中我们真正要注意的开玩笑的方法，即不开过头的玩笑。

那么，开玩笑之前，你先要注意你所面对的对象是否能受得起你的玩笑。一般来讲人可分为三类：第一种，狡黠聪明；第二种，敦厚诚实；第三种，则介乎两者之间。对第一种人，即狡黠聪明的人开玩笑，他不会让你占便宜的，结果是旗鼓相当，不分高下。第二种，敦厚诚实者，则无还击之计，亦无抵抗之力，这种人喜欢和大家一齐笑，任你如何把他取笑，他脾气绝好，不会动怒。对第一、二种人，你可以看看对方的情形，而知道能否开玩笑。唯有介乎两者之间的那种人，最应认真对待。这种人大概也爱和别人笑在一起，但一经别人取笑时，既无立刻还击的聪明机智，又无接纳别人玩笑的度量，如果是男的则变为恼羞成怒、反目不悦，如果是女的就独自痛哭一顿，说是受人欺侮。所以开玩笑之前，要先认识对方，最为安全。其次，要适可而止。开玩笑，一两句说过便完了，不要老是开一个人的玩笑，也不要连续开好几个人的玩笑，不然你必招来非议。

开玩笑本来是一种调解谈话气氛的良好方式，但使对方太难堪了，亦非开玩笑之道。你笑你的同学考试不及格，你笑你的朋友怕老婆，你笑你的亲戚做生意上了当而蚀本，你笑你的同伴在走路时跌了跤……这些都是需要同情的事件，你却拿来取笑，不仅使对方难于下台，且表现出你的冷酷。同样地，不可拿别人生理上的缺陷来做你开玩笑的资料，如斜眼、麻面、跛足、驼背等，别人不幸的，你应该给予同情才是。如果在谈话的人中，有一位在生理上有缺陷，那么在谈话中，最要避免易使人联想到缺陷方面去的笑话。

例如，有一天，几个同事在办公室聊天，其中有一位李小姐提起她昨天配了一副眼镜，于是拿出来让大家看看她戴眼镜好看不好看。大家不愿扫她的兴都说很不错。这时，同事老王因此事想起一个笑话，便立刻说出来："有一个老小姐走进皮鞋店，试穿了好几双鞋子，当鞋店老板蹲下来替她量脚的尺寸时，这位老小姐是个近视眼，看到店老板光秃的头，以为是她自己的膝盖露出来了，连忙用裙子将它盖住，然后她听到了声闷叫。"浑蛋！"店老板叫道，"保险丝又断了！"

大家爆出一片哄笑声。谁知事后竟从未见到李小姐戴过眼镜，而且碰到老王再也不和他打一声招呼。

其中的原因不说自明。说者无心，听者有意，在老王来想，他只联想起一则近视眼的笑话。然而，李小姐则可能这样想：他笑我戴眼镜不要紧，还影射我是个老小姐。

所以，说笑话要先看看对哪些人说，先想想会不会引起别人的误会。像上例老王严重地伤了一个人的自尊，却是他始料不及的。

说话时切莫自以为是

在我们的周围，有些人喜欢抬杠，只要和别人一搭上话就针锋相对，无论别人说什么，他总要加以反驳，其实他自己一点主见也没有。不过当你说"是"时，他一定要说"否"，到你说"否"的时候，他又说"是"了。这是一种极坏的习惯，事事要占上风，处处自以为是。生活中，如果你不幸成了这样的人，那请认真地听从别人的告诫。

即使你真的比别人见识多，也不应该以这种态度去和别人说话。这种不良习惯会使你自绝于朋友和同事，没有人愿意给你提意见或建议，更不敢向你提一点忠告。你或许本来是个很好的人，但不幸染上了这种习惯，朋友、同事们都远你而去了。唯一改善的方法是养成尊重别人的习惯。首先你要明白，在日常谈论当中，你的意见未必是正确的，而别人的意见也未必就是错的。

大概有这种坏习惯的人当中，聪明者居多，或者是些自作聪明的人，也许他太热心，想提出更高超的见解，他以为这样可以使人敬佩自己，但事实上完全错了。一些平凡的事情，是没有必要费心进行高深的研究的。至少我们平常谈话的目的，是消遣多于研究，既然不是在研究讨论问题，又何必在一些琐碎的事情上固执己见呢？另外有一点应该注意，那就是在轻松的谈话中不可太认真了。

别人和你谈话，他根本没有准备请你说教，大家说说笑笑罢了。你若要硬作聪明拿出更高超的见解，即使确是高超的见解，对方也决不会乐意接受的。因此，你不可以随时显出想要教训别人的神气。

当你的同事向你提出建议时，你若不能立刻表示赞同，但起码要表示可以考虑，不可马上反驳。假如你的朋友和你聊天，那你更应注意，太多的执拗能把有趣的生活变得枯燥乏味。

如果别人真的犯了错误，而又不肯接受批评或劝告，你也不要急于求成，不妨往后退一步，把时间延长一些，隔几天再谈，否则，大家都固执不但不能解决问题，反而伤害了感情。因此，在社交中，随时考虑别人的意见，不要做一个固执的人，唯有这样才能获得人们的赞赏和喜爱。

大量事实说明，人们谈话时都有一个目的：想知道别人对某件事的看法是否和自己相同，并进一步希望别人对某件事情和自己能有相同的看法。如果别人的看法与自己的看法略有不同或大不相同，便会感到极不舒服，甚至立即不高兴起来，这是人很正常的一种情绪反应，当然这也是一种很不利于人际交往的现象。因此人们在日常交往中更应该注意的是学会控制自己的情绪，切莫自以为是，即使在别人不同意你对某事的看法时，也应该显得对此很有兴趣。

所以，当你听到别人的意见和你一致时，你要立刻表示赞同，不要以为这样做会被人认为你是随声附和，因而就不吭声了。不吭声，虽然不会被人误解为随声附和，却也容易使人认为你并不同意。

同样，当你听到别人的意见和你不一致时，你也要立刻表示你什么地方不同意、为什么不同意。不要以为这样做会伤害彼此的感情而不吭声。

Part8 控制情绪：有理性的谈话才是最好的

　　有时候在说话之前，不要急于去谈自己的想法和观点，学会冷静地思考问题，最好在脑子里预演一遍，觉得没问题后再说出口！

日常会话应注意的事项

透过打招呼与自我介绍，可以抓住人际关系的契机，但日常的会话更能促进交情。

日常会话的目标并非理论上加深内容，或直接解决有关讲话的内容本身的问题，主要是享受对话的乐趣，谋求彼此心灵的交流，同时，会话也具有放松的意味。

透过会话还能满足一些需求，诸如，谋求气氛转换以及表现自我。因此，为了加深人际关系，磨炼你的会话能力是非常重要的。需要注意的事项如下：

1. 明白会话中的真实意思——也就是会话中一起交谈的事情。

因为会话并非仅由特定的人唱独角戏，它是与对方交换的共同作业。

2. 会话具有回应的特性——不管提到什么事，有人好像都不耐烦地回答"哦""不"等无精打采的话，这将无法使会面热闹起来。

造成这种情况的主要原因，多是没有回应的话题，或者自己这一边无意参与该会话，这种内在的态度也是问题的症结所在。

大概因为人类具有自我表现的本能需求，因此，一旦有说话的机会时，就会自发性地想说话。如果一来一往不断地进行，其会话就会起劲，如果会话起劲，参加者的心灵交流就更加活泼。

对于充实话题方面，先决条件是当接触事物时，不要失去新鲜感，要维持精神的年轻。如果未受感动，将是精神的老化现象。由于未注入新鲜的话题，话题将充满老朽而带霉味，毫无新鲜感。

3. 不要陷入自以为是的话题——很多人像杂学博士一样万事通，并认为那才是会话的高手条件，实际上是一种误解。虽然知道会话是重要的事情，但如果和对方谈无味的话题，等于一个人自说自听一样。严重的是有的人在不觉之间陷入说教的话题，当然使人厌烦。

4．留意不违反规则——有人往往在说话途中泼冷水，或在话中找碴儿，以及独占讲话的上风等，这些情况肯定违反原则。

说话时，自己要常常自问"这样说可以吗"，如果不那样，对方会把你的话当耳边风。如果被当耳边风，也是理所当然，同时所说的话也无法使对方理会。如果一再违反，人们将远离你。就是聊天，也在不知不觉之间使听讲的对方消失无踪，因而造成一人唱独角戏的局面。如同舞会中的"面壁之花"，使自己迈向孤独之道，这便是自作自受了。

几个常犯的小毛病

交谈时，一般人常犯些小毛病，虽然不很重要，但也可以降低对方与你交谈的兴趣，甚至惹起别人的反感，所以还是要多注意，设法加以纠正才好。

1．咬字不清。有的人在谈话中，常常会有些字句含含糊糊，叫人听不清楚，或者误解了他的意思。所以，不说则已，只要开口，就最好把一个字当作一个字，清楚准确地说出来。

2．用字笼统。有许多人喜欢用一个字去替许多字，譬如，他在所有满意的场合，都用一个"好"字来代替。他说："这歌唱得真好！""这是一篇好文章。""这山好，水也好！""这房子很好。""这个人很好。"……其实，别人很想知道一切究竟是怎样的好法。这房子是宽敞？是设计得很别致呢？还是材料很结实呢？这人是很老实呢？还是很爽朗呢？还是很能干呢？还是很愿意跟别人接近呢？还是很慷慨呢？单用一个"好"字，就叫人有点摸不着头脑。还有这样的人，用"那个"这两个字代替几乎所有的形容词，例如，"这部影片的确是很那个的。""这件事未免太那个了。""这封信叫人看了很那个的。"……这一类毛病，主要是由于头脑偷懒，不肯多费一点精力去寻找一个恰如其分的字眼。如果放任这种习惯，所说的话就容易使人觉得笼统空洞，没有内容，因而也就得不到别人适当的重视了。

3．多余的字句。有的人喜欢在自己的话里面加上许多不必要的字眼，例如，三句话里面就用了两次"自然啦"这个词。又有的喜欢随意加上"不过"这两个字。有的人又喜欢老问别人"你明白吗？""你说是不是？"像这些多余的字句，最好小心地加以避免。

4．说话有杂音。这比喜欢用多余的字句更令人不舒服，在说话的时候，加上许多没有意义的杂音。例如，一面说着话，鼻子里面一面"哼，哼"地响着，或是每说一句话之前，必先清清自己的喉咙，还有的人一句话里面加上几个"呃"字……这些杂音会使人产生一种生理上的不快之感，好像给你精彩的语言蒙上一层灰尘。

5．喜欢用夸张的语言去强调一件事物的特性，以引起别人的注意。但也有人无论在什么场合都采用这种说法。例如，"这个意见非常重要！""这本书写得非常精彩。""这是一部非常伟大的戏剧。""这样做是极端危险的。""这个女人简直是无法形容的美丽。"如此这般，讲的多了，别人也就自然而然地把他所夸大的字眼都大打折扣，这就使他语言的威信度大为降低了。

6．矫揉造作。矫揉造作有多种形式的表现，有的人喜欢在交谈中加进几句英文或法文；有的人喜欢在谈话中加进几个学术性的名词；有的人喜欢把一些流行的字眼挂在口头；有的人又喜欢引用几句名言，放在并不适当的地方。这会让人觉得他在卖弄学识，故作高深，还不如自然、平实的言语更容易让人接受。

7．琐碎零乱。在叙说事理的时候，最重要的是层次清晰，条理分明。所以，在交谈以前，必先在脑子里把所要讲的事物好好地整理一下，分成几个清楚明确的段落，摒除许多不大重要的细节。不然的话，说起话来就会拖拖拉拉，夹杂不清了。特别是当一个人叙述自己的亲身经历时，更容易因为特别起劲，巴不得把所见所闻全盘托出，结果却让人听起来非常吃力。

办事交谈应注意哪些问题

1.忌争辩

你喜欢和人争辩，是否以为你可以用议论压倒对方，就会得到很大的益处呢？其实，你不必压倒对方。即使对方表面屈服了，心里也必悻悻然，你一点好处也得不到。好争辩会损害别人的自尊心，因而对方会对你产生反感，因此失掉一些朋友。好胜是大多数人的特点，没有人肯自认失败的，所以一切争辩都是不必的。如果能够常常尊重别人的意见，你的意见也必被人尊重。如此，你所主张的，就会很容易得人拥护。你可以实现你的主张，你可左右别人的计划，但不是用争辩的方法来获取。

2.忌质问

用质问式的语气来谈话，是最易伤感情的。许多夫妻不睦，兄弟失和，同事交恶，都是由于一方喜欢以质问式的态度来与对方谈话所致。除遇到辩论的场面，质问是大可不必的。如果你觉得对方的意见不对，你不妨立刻把你的意见说出，何必一定要先来个质问，使对方难堪呢？有些人爱用质问的语气来纠正别人的错误，这足以破坏双方的情感。被质问的人往往会被弄得不知所措，自尊心受到大大的打击。尊敬别人，是谈话艺术必需的条件，把对方为难一下，图一时之快，于人于己皆无好处。你不想别人损害你的尊严，你也不可损伤别人的自尊心。

3.忌直白

对方谈话中不妥当部分，固然需要加以指正，但妥当部分即须加以显著的赞扬，对方因你的公平而易于心悦诚服。改变对方的主张时，最好能设法把自己的意思暗暗移植给他，使他觉得是他自己修正，而不是由于你的批评。对于那些无可挽救的过失，站在朋友的立场，你应当给予恳切的指正，而不是严厉地责问，使他知过而改。纠正对方时，最好用请教式的语气，用命令的口吻则效果不好。要注意保存或激励对方的自尊心。

4.忌挑理

千万不要故意地与人为难，有的人专门喜欢表示自己与别人意见不同。这种处处故意表示自己与别人看法不同的人，和处处随声附和的人一样，都是不老实的。口才是帮助你待人处世的一种方法，没有人愿意做一个口才很好却到处不受欢迎的人。不要为了要表现你的口才，而到处逞能，惹人憎厌，口才一定要正确而灵活地表现。

5.忌虚伪

对于你不知道的事情，不要冒充内行。不懂装懂是一种不老实的自欺欺人的行为，你知道多少就说多少，没有人要求你做一个百科全书式的人。即使一个很有学问的人，也必有所不知。所以，坦白地承认你对于某些事情的无知，这绝不是一种耻辱，相反地，别人会认为你的谈话有值得考虑的价值，因为你不虚伪，没有吹牛。

6.忌炫耀

别对陌生人夸耀你的个人生活，例如，你个人的成就，你的富有，或是你的儿子怎么了不起。不要在公共场合把朋友的缺点和失败当作谈话的资料。不要老是重复同样的话题，不要到处诉苦和发牢骚，诉苦和发牢骚并不是一种良好的争取同情的手段。

日常交谈的三大禁忌

1.不要总是自吹自擂

有些人总喜欢胡乱地吹嘘自己，这种人的口才或许真的很好，但只会令人厌恶而已。

这样的家伙并非是直率，就连一件单纯的事他都要咬文嚼字地卖弄一番，看起来好像是很精于大道理的样子，说穿了只是由于强烈的自我表现欲所产生的虚荣心在作祟。

以简单明了的词汇来发表的言论，必须先充实实际内容，再以简单而贴切的词汇表达出来。若非具有这种功力，就无法具备以简单明了的词汇来表现实力，这其实远比稍具难度的辩论更困难。

有些人乍看之下很平凡且没有可贵之处，但经过认真的交谈之后，就能够很直接地被其内心的思想所感染，这种人所使用的词汇往往最简单明了。

朋友关系必须建立在真诚之上，花哨不实的言论只适合逢场作戏，朋友是靠互相感动、吸引，而不是硬性地逼迫对方接受自己的意见。为了强硬地使对方接受自己的意见，卖弄一些偏僻冷门的词汇，来表现自己的水平高人一等。这在对方看来，只觉得和你格格不入而无法接受你的看法。

朋友必须是彼此真心真意地了解，以建立一种"心有灵犀一点通"的沟通方式为目的，彼此要在交往中培养相知相惜的情谊。

2.不要不懂装懂

社会上一知半解的人一多，就容易流行起一股装腔作势之风。如果凡事都一无所知，心里便容易产生唯恐落于人后的压迫感，这也是人们常见的心态。在绝不服输或"输人不输阵"的好胜心作祟下，随时都想找机会扳回面子。

有位小杂志社社长N先生，不管是什么场合他总喜欢装腔作势，故意地降低自己的声调来表现庄重的样子。不但如此，他也总是表现出一副无所不知的样子，这种姿态让人觉得他好像在做自我宣传。

然而不论他再怎么装腔作势，夹着再多的暗示性话语或英语来发表高见，还是得不到他人的认同。而这位仁兄所出版的杂志或周刊，也永远上不了台面。

他所出版的刊物，总是被人批评为现学现卖、肤浅的杂学之流，这是因为他对任何事都喜欢评断。当他一开口说话，旁边的人就说："天啊！又要开始了。"然后便咬着牙，万分痛苦地忍着。这和说大话、吹牛并无不同。自己本来没有高人一等的智慧，却装出一副什么都知道的样子，这样是会被人看作是虚张声势的伪君子。

在朋友关系中最令人敬而远之的，就是这种一点也不可爱的男性。

承认自己也有不知道的事并不丢人，为了要自抬身价而不懂装懂，一旦被对方看穿，反而会令对方产生不信任感而不愿与你交往。

"闻道有先后，术业有专攻"，每个人都有自己的专长，不可能每件事都很精通。

愈是爱表现的人，愈是无法精通每件事。交朋友应该是互相地取长补短，别人比自己专精的地方就不耻下问，即使是自己很专精的事，也要以很谦虚的态度来展现实力，这样才能说服他人。

所谓很谦虚的态度，是指对于自己专精的事物，不妨表达一下自己的意见，只是说话技巧要高明。

现代社会可以说是一个高度复杂的信息时代，每个人所吸收的知识都不可能包含万事万物。若不以虚心的态度与人交往，如何能够受到大家的欢迎？凡事都自以为是的人，必然得不到大家的尊敬。

不论是不懂装懂或是真的无知，都同样有损交际范围的扩展。

3.切记避免随意附和别人

每个人讲话都有其独特的方式，无论是讲话的语言还是手势，都具有个人色彩。例如，美国人最擅长以夸大的动作，表现自己内心感受的极限；欧洲人和东方人则比较含蓄、内敛，不轻易把自己内心的感受，一五一十地表现于外。

但也不能一概而论，在现代的政治舞台和商业舞台中，夸张的演出已经蔚为一种风气。

社交活动和说话一样，需要借助情感的大力支援，也就是必须集中情感来表达才能打动人心。人并不是机器人，说话一定会有抑扬顿挫。为了辅助或加强语气，还必须加以形容调整或语尾助词。

会话必须要时常加入自己的意见才能成立，一般人总是习惯于附和别人说的话，但这种没有独自思想的附和语词，并不能表现出个人的独立人格与个人意见，一个喜欢用极端的形容词来强调自己想法或意见的人，是绝对不会以附和的口吻来表示自己的看法。

许多人在交谈时有"我同意……，但是我认为……"的习惯用语。其实在朋友交谈中，朋友想要听的是你个人的看法，而不只是要你附和地回答"是的"。要让自己成为更独特的人就必须与一般人有所区别，尽量地表现出自己独特的看法。

因此，不妨多应用些特殊或极端的例子来表达自己的想法，不要总是附和别人的想法。

活跃社交气氛的十个绝招

如果你想在生活中给别人一个好的印象，就应该巧用精彩的语言活跃气氛，在社交场合更是这样。无论是主人还是客人，都有责任把活跃的气氛带给这种场合。当你跨进大厅，千万不要让冰霜结在脸上，须知一个面带愁容的人决不会受人欢迎的。所以最好是神态自若。神态自若是难得的心理平衡的体现，它包含有嘲笑自己的勇气和对别人的宽容与真诚。据说，有位著名的女演员在一家餐厅吃饭，一位老年妇女走上前来，看着她的面部，然后略带遗憾地说："我看不出有多好！"这个演员神情自若地说："谢谢您的真诚，咱俩没有区别，都是一个鼻子、两只眼睛。"

在社交场合，当你明白他人的用意时，不妨神态自若，然后轻松地幽默一下，这有利于你热情主动地与周围的人交往，使你顺利地熟悉和了解众人。

1.善意的恶作剧

有分寸地、善意地取笑别人并不是坏事。善意的恶作剧具有出人意料的效果，它能导致众人欢笑。人们在捧腹大笑之际，超脱了习惯、规则的界限，能够享受不受束缚的"自由"和解除规律的"轻松"。

2.带些小道具

朋友相聚，也许在初见面时因打不开局面陷于窘境，也许在中间出现冷场。这时，你随身携带的小道具便可发挥作用。一个精致的钥匙链可能引发一大堆话题；一把扇子，既可用遮阳光，又可在上面题诗作画，也可唤起大家特殊的兴趣。小道具的妙用不可小瞧。

3.引发共鸣

成功的社交应是众人畅所欲言，各自都表现出最佳的才能，做出最精彩的表演，最忌一个人唱独角戏，大家当听众。为达到这一目的，就必须寻找能引起大家最广泛共鸣的内容。有共同的感受，彼此间才可各抒己见，互相交流看法，气氛才会热烈。所以，你若是社交活动的主持人，一定要把活动的内容同参加者的好恶、最关心的话题、最擅长的拿手好戏等因素联系起来，以免出现冷场。

4.自我解嘲

自我解嘲，顾名思义就是自己嘲讽自己，调侃自己，这也是一种正话反说。它是一个人心境平和的表现。它能制造宽松和谐的交谈气氛，能使自己活得轻松洒脱，使人感到你的可爱和人情味，从而改变对你的看法。在现实生活中，适时适度地"自嘲"，往往会收到妙趣横生、意味深长的效果。

5.给一个无痛苦的伤害

有时候，那些毕恭毕敬的夫妻未必就没有矛盾，而平日吵吵闹闹的恋人可能会更亲热。社交也是如此，若彼此开句玩笑，互相攻击几句，打一拳、给两脚，反倒显得亲密无间、无拘无束。

6.怪问怪答

交谈中，不时穿插一些意想不到的、貌似荒谬而实则有意义的问题，是很好的一种活跃气氛的形式。那些一本正经的人会给人古板、单调、乏味的感觉。也许会有人时常问你一些荒谬的问题，如果你直斥对方荒谬，或不屑一顾，不仅会破坏交谈气氛、人际关系，而且会被人认为缺乏幽默感。

7.夸张般的赞美

和朋友久别重逢见面后不免寒暄一番，你完全可以借此发表一番高论，把每个人的才能、成就做一番夸张式的炫耀与渲染，这会让朋友感到你深深地了解、倾慕他们。这种把人抬得极高，但没有虚伪、奉承之感的介绍，会立即使整个气氛变得异常活跃，友情会加深一层。

8.寓庄于谐

社交需要庄重，但长时间保持庄重气氛就会使人精神紧张。寓庄于谐的交谈方式比较自由，在许多场合都可以使用。用幽默、诙谐的语言，同样可以表达较重要的内容。

9.制造悬念

在相声里，悬念是相声大师的"包袱"。有意制造悬念，会使人更加关注你的一举一动。当大家精力集中、全神贯注时抖开"包袱"，之后，人们发觉这是一场虚惊，都会付之一笑，报以掌声。

10.反话正说

运用反话正说的方法，重要一点在于处理好一反一正的关系。在交往中，准备对对方进行否定时，却先来一个肯定，也就是在表达形式上好像是肯定的，但在肯定的形式中巧妙地蕴藏着否定的内容。正说时要一本正经，煞有介事，使对方产生听下去的兴趣。然后，再以肯定的形式抖出反话的内容，与原先说的正话形成强烈的对比，从而产生鲜明的讽刺意味，让人信以为真，增加谈话的效果。

反话正说能引人入胜，正话反说也颇意味深长。正话反说，就是对某一话题不做直接的回答或阐述，却有意另辟蹊径，从反面来说，使它和正话正说殊途同归。这样便可以避免正面冲突，含蓄委婉，入情入理，收到一种出奇制胜的劝谕和讽刺效果。有时正话反说的曲折手法，可使人们在轻松的情境中相互沟通，使处于紧张的局面得到缓解。

Part9

留有余地：任何时候都别把话说绝

　　别人也许真的错了，但他们自己并不这么认为。或者，他们虽然明知错了，也希望得到足够的尊重。所以，别去指责他们，因为那是愚人的做法。尝试着去理解他们，只有真正智慧、宽容的人才能做到这一点。

设法让人保住面子

别人也许真的错了，但他们自己并不这么认为。或者，他虽然明知错了，也希望得到足够的尊重。所以，别去指责他们，因为那是愚人的做法。尝试着去理解他们，只有真正智慧、宽容的人才能做到这一点。

一个人犯错误，往往不是因为他不知道是在犯错误，而是因为他想犯错误。宣传教育对于想犯错误的人基本无效。防止犯错的方法有两种，一种是让人不敢犯错，一种是让人不想犯错。前者是强制手段，见效快而难服人心；后者是沟通艺术，见效较慢而作用力持久。要想让一个人对自己的行为真正负责，依赖于他的自尊和良知的觉醒，那么，首先要设法帮他保住面子，以免他自暴自弃。

有一种人，脾气粗野狂暴，不管什么事都能搞得像滔天大罪那样不可饶恕。他们这样做并不是出于一时的狂怒，而是源于他们自己的秉性。他们谴责每一个人，要么为这个人做过的某件事，要么为他将做的某件事。这暴露出一种比残忍还要可恶的性情，这种性情才真是糟糕透顶。他们是如此夸张地非难别人，以至于他们能把别人原本是芝麻大小的一个问题渲染得像西瓜那样大，并借此将其全盘否定。

这样做有什么好处呢？别人丢了面子，而他们得到了怨恨。

有智慧的人绝不如此处理问题，他们把别人的自尊放在第一位，然后才设法将事情导向好的方面。

一天中午，一位老板到工厂进行例行检查时，看到一些员工在挂着"禁止吸烟"的标牌下面吸烟。没有比明知故犯更可恶的事情了，这是多数人的看法。这位老板却没有多数人这么敏感。他走到这些工人们身边，递给每人一支烟，说："小伙子们，如果你们能在外面抽烟的话，我就真要感谢你们了。"

小伙子自然知道自己违反了厂里的规定。但老板不仅没有指责他们，反而给每人一支烟。他们的自尊得到了尊重，他们被人当人看，当然要表现得像个人。所以，公然在厂内吸烟的人再也没有了。

当一个人犯了错误时，往往能找到上百个理由为自己辩护，其中一个最常用的理由是："换了是你，不见得比我做得更好。"当一个人心里有了这种想法，你说得再多，他也不会心悦诚服。这时候，最有效的说服是言传身教，把你要求他做好的事做给他看。

日本大企业家、三洋公司创始人井植薰，喜欢遵守规则又敬业的员工。而他本人也绝对遵守公司的各项规章制度并且勤奋敬业，决不因为自己是老板而打半分折扣。比如，他每天早上7点，准时到达公司，准确率比闹钟还高，而且几十年如一日，若非出差，绝无误差。他本人如此律己，所以他公司几乎没有一个不勤奋敬业而遵守规章的员工。

比尔·盖茨欣赏聪明而干劲十足的员工，但他没有每天安逸地躺在床上，逼员工加班加点干活。在创业的最初十几年，他跟普通员工一样，每天工作16个小时，累了就往地板上一躺，睡上一觉，睡醒了爬起来接着干。

一个人能做到他提倡的事，比他唠唠叨叨说一万遍更有说服力。

有的人并无意伤人面子，只是说话时表达不当，造成了实际伤害的效果。

比如，有些领导提倡"在总结成绩的基础上找差距"这种批评方式，目的就是为了照顾下属的面子，效果却不见得好。

比如，老板对一个业绩不佳的员工说："我对你的工作表现非常满意，但是如果你能在工作方法上注意一点，业绩肯定会提高。"

员工开始会觉得受到了鼓励，直到他听到"但是"两个字。他很可能因此而对最初的表扬产生怀疑，对他来说，这个表扬也许只是后面批评的引子而已，可信性遭到质疑。

如果老板这样说："我对你的工作表现很满意，而且你的进步也很明显，说明你在这方面有潜质。如果在工作方法上进行一些改进，我相信你的进步会更快。"

这样员工便不会感到批评的暗示，同时也能够受到鼓励，并尽力做得像老板期待的那样好。

有的人把自己的面子看得贵如金，却把别人的面子看得贱如纸。他们为了自显高明，无视他人尊严，甚至将对方逼到非反抗不可的地步。其结果，也不过自取其辱罢了。

素来以傲慢无礼、举止粗鲁而闻名于世的赫鲁晓夫就曾尝到过伤人面子的苦头。那是1957年，美苏首脑举行会谈，美国副总统尼克松应邀出访前苏联。在此之前，美国国会通过了一项《关于被奴役国家的决议》。这一决议受到前苏联最高领导人赫鲁晓夫的激烈抨击，本来他可以采取其他比较得体的方式表达自己的看法，但赫鲁晓夫却选择了一个既有失身份，又伤人尊严的方式。在美苏首脑会谈中，他指着尼克松吼叫着："这项决议很臭，臭得像马刚拉的屎！没有什么东西比那玩意儿更臭了！"

在这种关系到国家和民族尊严的场合，尼克松当然也不会示弱，他知道赫鲁晓夫年轻时曾当过猪倌，就慢条斯理、一字一句地说："恐怕主席先生说错了，还有一样东西比马粪更臭，那就是猪粪。"

赫鲁晓夫不禁一时语塞，尽管他是一个很有自制力的领导人，也不免羞得满脸通红。

在人际交往中，只要维持住双方的面子，则一切争端都有回旋余地；一旦撕破面皮，就极可能转入火星四溅、双方都无力控制的局面。为了自己的面子，不给别人留余地，绝对是在做蠢事。

此外，在人际交往中，由于知识缺陷，每一个人都会说蠢话、做蠢事；由于价值观不同，每个人都有自己的偏见。看见别人说蠢话、做蠢事时，或者坚持自己的偏见时，为了保住他的面子，最好是给他一个

"台阶"下。这对于维持双方的关系是非常重要的。

勿揭人短处，勿戳人痛处

明太祖朱元璋出身贫寒，做了皇帝后自然少不了有昔日的穷哥们儿到京畿找他。这些人满以为朱元璋会念在昔日共同受罪的情分上，给他们封个一官半职，谁知朱元璋最忌讳别人揭他的老底，以为那样会有损自己的威信，因此对来访者大都拒而不见。

有位朱元璋儿时一块长大的好友，千里迢迢从老家赶到南京，几经周折总算进了皇宫。一见面，这位老兄便当着文武百官大叫大嚷起来："哎呀，朱老四，你当了皇帝可真威风呀！还认得我吗！当年咱俩可是一块儿光着屁股玩耍，你干了坏事总是让我替你挨打。记得有一次咱俩一块偷豆子吃，背着大人用破瓦罐煮，豆还没煮熟你就先抢起来，结果把瓦罐都打烂了，豆子撒了一地。你吃得太急，豆子卡在嗓子眼儿，还是我帮你弄出来的。怎么，不记得啦！"

这位老兄还在那喋喋不休唠叨个没完，宝座上的朱元璋再也坐不住了，心想此人太不知趣，居然当着文武百官的面揭我的短处，让我这个当皇帝的脸往哪儿搁。盛怒之下，朱元璋下令把这个穷哥们儿杀了。这就是戳人痛处的下场。

在待人处世中，场面话谁都能说，但并不是谁都会说，一不小心，也许你就踏进了言语的"雷区"，触到了对方的隐私和痛处，犯了对方的忌，对听话者造成一定的伤害。其实，每个人都有所长，亦有所短，待人处世的成功，一个很重要的因素就是善于发现对方身上的优点，夸奖对方的长处，而不要抓住别人的隐私、痛处和缺点，大做文章。切记不可揭人之短，伤人自尊！

"揭短"，有时是故意的，那是互相敌视的双方用来作为攻击对方的武器。"揭短",有时又是无意的,那是因为某种原因一不小心犯了对方的忌讳。有心也好,无意也罢,在待人处世中揭人之短都会伤害对方的自尊,轻则影响双方的感情,重则导致友谊的破裂。

有这样一个真实的例子,有一群人在看电视剧,剧中有婆媳争吵的镜头。张大嫂便随口议论道:"我看,现在的儿媳真是不知道好歹,不愿意和老人住在一起。也不想想以后自己老了怎么办?"话未说完,旁边的小齐马上站了起来,怒声说:"你说话干净点,不要找不自在,我最讨厌别人指桑骂槐!"原来小齐平素与婆婆关系失和,最近刚从家里搬出另住。张大嫂由于不了解情况,无意中揭了对方的短而得罪了小齐。所以只有了解交际对象的长处和短处,为人处世才不会伤人也伤己。

且看下面这个例子。

有一位年轻的姑娘长得很胖,吃了不少的减肥药也不见效果,心里很苦恼,也最怕有人说她胖。有一天,她的同事小张对她说:"你吃了什么呀,像气儿吹似的,才几天工夫,又胖了一圈儿。"

胖姑娘立马恼羞成怒:"我胖碍着你什么了?不吃你的,不喝你的,真是狗拿耗子,多管闲事!"

小张不由闹了个大红脸。在这里,小张明知对方的短处,却还要把话题往上赶,这自然就犯了对方的忌讳,不找麻烦才怪哩。

所以,还是俗话说得好,"打人不打脸,骂人不揭短",要想与他人友好相处,就要尽量体谅他人,维护他人的自尊,避开言语"雷区",千万不要戳人痛处!

做事留余地,伤人别伤心

在工作和生活中,我们随时都会遇到一些人,说了对不起自己的话或做了对不起自己的事。这时,我们应当怎么办呢?是针锋相对,以怨抱怨，还是宽容为怀，原谅别人？

人生好比行路，总会遇到道路狭窄的地方。每当此时，最好停下来，让别人先行一步。如果心中常有这种想法，人生就不会有那么多抱怨了。即使终身让步，也不过百步而已，能对人生造成多大影响呢？你经常让人一步，别人心存感激，也会让你一步，一条小路对你来说也是泰坦通道。你事事不肯让人，别人心怀怨恨，就会设法阻碍你，损伤你，即使一条大路，对你也充满险阻。人与人之间往往是心与心的交往，诚心换来的是真情，坏心换来的是歹意。

在战国时代，有一个叫中山的小国。一次，中山的国君设宴款待国内的名士。当时正巧羊肉汤不够了，无法让在场的人都喝上。没有喝到羊肉汤的司马子期感到很失面子，便怀恨在心，到楚国劝楚王攻打中山国。中山国很快被攻破，国王逃到了国外。当他逃走时，发现有两个人拿着画戟在他的后面，便问："你们来干什么？"

两人回答："从前有一个人曾因得到您赐予的一点食物而免于饿死，我们就是他的儿子。我们的父亲临死前嘱咐，不管中山国以后出什么事，我们必须竭尽全力，甚至不惜以死报效国王。"

中山国君听后，感叹地说：仇怨不在乎深浅，而在于是否伤了别人的心。我因为一碗羊肉汤而亡国，却由于一点食物而得到两位勇士。人的自尊比金钱还要重要。一个人如果失去了少许金钱，尚可忍受，一旦自尊心受到损害，就无法预测他将会干出什么事来。有时候，本无存心伤人之意，却可能因为一句无意的话伤害别人，甚至可能为自己树立一个敌人。言行的谨慎看来是很重要的。

从前有某显宦，喜欢下棋，自负是国手。某甲是他门下的一名食客，有一天与某显宦下棋，一出手便咄咄逼人。比赛到后来，竟逼得某显宦心神失常，满头大汗。某甲见对方焦急的神情，格外高兴，故意留一个破绽。某显宦满以为可以转败为胜，谁知某甲突出妙手，局面立时翻盘。某甲很得意地道："你还想不死吗？"

某显宦遭此打击，心中很不高兴，立起身来就走。虽然某显宦有很深的修养，胸襟宽大，但也受不了这种刺激，因此对某甲就有了成见。而某甲呢，他始终不懂为什么某显宦不再与他下棋。某显宦也为了这个，总是不肯提拔某甲。某甲只好郁郁不得志，以食客终其身。也许他会自认命薄，哪知是忽略了对方的自尊心，控制不住自己的好胜心，使小过失铸成了终身大错。

如果遇到必须取胜，无法让步的事，又该怎么做呢？那也要给别人留一点余地，就像下围棋一样，"赢一目是赢，赢一百目也是赢"。只要能赢就行了，何必让人家满盘皆输？比如，与人争辩，以严密的辩论将对方驳倒固然令人高兴，但也没必要将对方批驳得体无完肤。这样做不但对自己毫无好处，甚至会自食其果，遭到对方的反击。当我们和他人发生摩擦时，首先要了解他人的想法，然后在顾及对方颜面的前提之下，陈述自己的意见，给对方留有余地。这一点在处理人际关系时非常重要。

责人不如责己

美国总统林肯年轻时有一个嗜好：喜欢评论是非，还常写信写诗讽刺别人，他常把写好的信丢在乡间路上，使当事人容易发现。后来发生的一件事，彻底改变了他喜欢指责人的习惯。

1842年秋天，林肯又写文章讽刺一位政客。文章在报纸上登出后，那位政客怒不可遏，他下战书，要求与林肯决斗。林肯本不喜欢决斗，但迫于情势和为了维护名誉，只好接受挑战。到了约定日期，二人在河边见面，一场你死我活的决斗就要进行。亏得在最后一刻有人阻止，悲剧才未发生。

这是林肯一生中最为深刻的一次教训，让他懂得了任性抨击他人会带来怎样的后果。从此，他学会了在与人相处时，不再为任何事而轻易责备他人。

中国古人也懂得这个处世道理。申居郧说："过于严厉地责备他人，使对方产生怨恨，这就是自己的一大过错。"王永彬说："只责备自己，不责备他人，这是远离怨恨的方法。只相信自己，不相信别人，这样做一定会把事情办砸。"

检讨一下我们自己，我们是不是也有这种喜欢责备别人的毛病？布置下去的一件工作任务没有做好，我们很可能不是积极地去与下属寻找原因，研究对策，而是指责下属："你怎么搞的？怎么这么笨？"这时，你有没有想过下属会有什么反应？他可能什么也不说，但在内心却只会觉得你不近人情，从而怨恨你。这样，你今后就很可能在与他相处时，总感到疙疙瘩瘩……

好指责实在不是一种好习惯，你会伤害别人也会伤害你自己，别人不舒服你也不会舒服。有一个比较极端的例子，是《三国演义》里的故事。说的是张飞闻知关羽被东吴所害，下令军中，限三日内制办白旗白甲，三军挂孝伐吴。次日，帐下两员末将范疆、张达报告张飞，三日内办妥白旗白甲有困难，须宽限方可。张飞大怒，让武士将二人绑在树上，各鞭五十，打得二人满口出血。鞭毕，张飞手指二人："到时一定要做完，不然，就杀你二人示众！"范疆、张达受此刑责，心生仇恨，便于当夜，趁张飞大醉在床，以短刀刺入张飞腹中。张飞大叫一声而亡，时年55岁。

张飞的悲剧再深刻不过地说明了卡耐基这句名言："只有不够聪明的人才批评、指责和抱怨别人。"卡耐基指出："尖锐的批评和攻击，所得的效果都是零。批评就像家鸽，最后总是飞回家里。我们想指责或纠正的对象，他们会为自己辩解，甚至反过来攻击我们。"

我们喜欢责备他人，常常是为了表现自己的高明。有时，也有推卸责任的目的。古人讲"但责己，不责人"，就是要我们谦虚一些，严格要求自己一些，这对自己只有好处。《三国演义》中马谡轻敌失了街亭，害得蜀兵大败，诸葛亮无奈演了一场空城计，才算退了敌军。回到军中，诸葛亮为明正军律，挥泪斩了马谡。对此次失败，诸葛亮并没有处理了马谡就了事，而是深深自责没有听刘备生前所说的话："马谡言过其实，不可大用。"他自作表文给后主，请自贬丞相之职。并要求属下"勤攻吾之阙，责吾之短"。诸葛亮的为人，值得我们学习。

在你又想责备别人的这不是那不是时，请马上闭紧自己的嘴，对自己说："看，坏毛病又来了！"这样，你就可以逐渐改掉喜欢责备人的坏习惯，学会宽容和尊重，从而能够更好地与人相处，与人共事。

说话不妨拐点弯

在日常交往中，最忌四面树敌，无端惹是生非。所以，即使陈述利害，为避祸免灾，也应刚柔并济，以退求进，装点糊涂，拐弯说话，免受陷害。要知时势有变化，命运有沉浮，少一点锋芒，便多一分平安。

早在公元961年，赵匡胤在扑灭了扬州李重进的叛乱之后，就以自己曾经担任过殿前都点检这一职务为由，说是出于避嫌或是避讳，解除了慕容延钊的这一职务，从此这一禁军中的最高职务就消失了。但赵匡胤仍不放心，他觉得禁军中的高级将领如石守信、王审琦、高怀德等人虽然曾经拥立过自己，但还谈不上是自己的心腹，况且他们在军中日久，根基益深，自己如果出征在外，实在很难保证他们不生异心。于是，他想出了一条解除他们兵权的计策。

就在这一年的七月，赵匡胤专门设宴，把石守信等人招来一起饮酒，在酒会之上，赵匡胤特意劝大家开怀畅饮，在酒酣耳热之际，赵匡胤忽然屏退左右，装出一副深有感慨而又推心置腹的样子，长叹一声说："我若不是靠你们出力，哪里能当皇帝？但你们不知道，当皇帝也真是太难了，倒不如当个节度使痛快些。我啊，晚上就从来没有睡过安稳觉！"

石守信等人一听，觉得大为不解，连问为什么，赵匡胤说："这还不明白吗？我这个皇帝的位子谁不想坐呢？"

石守信等人听了，知道赵匡胤话中有话，明摆着是怀疑将领们有谋权篡位之心了，慌忙跪下，边叩头边问道："陛下怎么这么说呢？现在天下已定，谁还敢有异心呢？"

赵匡胤一脸的真诚与无奈，慢悠悠地说："是啊，你们是没有异心，但你们怎么知道你们手下的人不贪图富贵呢？一旦有人把黄袍加在你们的身上，你们就是不想当皇帝，也是推脱不掉啊！"

石守信等人一听，真是吓得汗流浃背，慌忙跪下，顿首哭道："我们这些人愚昧得很，没有想到这个问题，请求陛下开恩，给我们指示一条生路。"

赵匡胤见火候已到，就缓和了一下紧张的气氛，劝他们说："人生好比白驹过隙，飞逝而过，所好者也无非就是富贵，不过想多积钱财，厚自娱乐，遗福子孙。你们何不释去兵权，出外当个地方官，再多买些良田美宅，多置些歌儿舞女，日夜宴饮，以终天年。我再与你们结成儿女亲家，这样一来，臣君相安，两无猜忌，该是多好的事啊！"

赵匡胤的这一番话，说得石守信等人真是茅塞顿开。话说得如此明白，哪还有回旋的余地，而赵匡胤当时在禁军中的地位还不可动摇，他们只好在第二天上表称病，乞求解除兵权。赵匡胤一见大喜，当即批准了他们的请求。

这就是历史上著名的"杯酒释兵权"。一滴血没流，一句口角没发生，酒酣之间，赵匡胤假意诉苦了一番，兵权就这样得手了。

永远别说"你错了"

我们生活在这个世界上，不仅是为了收获某些成果，也是为了收获好心情。

无论别人指责我们的错误，还是我们指责别人的错误，都对好心情没有好处。

既然如此，我们就没有必要执着于对或错，不如圆滑一点，按照对事情和心情最有好处的方式来做。

四千年前，古埃及阿克图国王在一次酒宴中对他的儿子说："圆滑一点，它可使你予求予取。"

换句话说，不要对别人的错误过于敏感，不要执着于所谓正确的意见，不要轻易刺激任何人。

如果你要使别人同意你，应当牢记的一句话就是："尊重别人的意见，永远别说你错了。"

在人际交往中，破坏力最强的莫过于这三个字：你错了。它通常不会造成任何好的效果，只会带来一场不快、一场争吵，甚至能使朋友变成对手，使情人变成怨偶。跟别人相处的时候，我们要记住，和我们来往的不是度量不凡的超人，更不是修炼到家的圣人。和我们来往的都是感情丰富的常人，甚至是充满偏见、傲慢和虚荣的怪人。超人和圣人能够虚怀若谷地对待别人的批评，但常人不能，怪人更不能。所以，当我们想说"你错了"时，应该明白，对方十有八九不会虚怀若谷地接受。就像我们自己不会虚怀若谷地接受别人"你错了"的评价一样。

一个人说错话或做错事，总是有原因的，所以我们即使明知自己错了，也会强调客观原因，认为错得有理。

当我们犯了错误时，并非意识不到犯了错误，只是顽固地不肯承认而已。所以，当你对一个人说"你错了"时，必然撞在他固执的墙上。

比如，有一位先生，请一位室内设计师为他的居所布置一些窗帘。当账单送来时，他大吃一惊，意识到在价钱上吃了很大的亏。

过了几天，一位朋友来看他，问起那些窗帘时，说："什么？太过分了。我看他占了你的便宜。"

这位先生却不肯承认自己做了一桩错误的交易，他辩解说："一分钱一分货，贵有贵的价值，你不可能用便宜的价钱买到高品质又有艺术品位的东西……"

结果，他们为此事争论了一个下午，最后不欢而散。

不论我们用什么方式说"你错了"，不论是一句话，一个眼神，一种说话的声调，一个手势，只要让他听出或看出"你错了"的意思，他就绝不会有好脸色给你！因为你直接打击了他的智慧、判断力、荣耀和自尊心。只会使他想反击，但决不会使他改变心意。即使你搬出孔子或柏拉图理论，也改变不了他的成见，因为你伤了他的感情。

永远不要这样做：你的确错了，不信我证明给你看。

这等于是说："我比你更聪明。我要告诉你一些事，使你改变看法。"

假如对方真的错了，你必须让他承认并纠正错误，也应该回避"你错了"或类似的词语。你有必要运用一些技巧，使对方察觉不到"你错了"这三个字。正如一位哲人所说："必须用若无实有的方式教导别人，提醒他不知道的好像是他忘记的。"

有一位先生，花3天时间写了一篇演讲稿，他认真地撰写、修改并润色，其精心程度绝不亚于鲁迅或朱自清写一篇文章——据说鲁迅写完一篇文章后，通常要改7遍，而朱自清每天只写500字。

这位先生认为演讲稿写得十分到位，得意地读给妻子听。妻子认为这篇演讲稿写得并不出色。但她没有说："你写得太差劲了，都是老生常谈，别人听了一定会打瞌睡的！"

她说："如果这篇文章是投给报社的话，肯定算得上是一篇佳作。"换句话说，她在赞美的同时巧妙地表达出它并不适合演讲。丈夫听懂了其间的含义，立即撕碎了精心准备的手稿，并决定重写。

伟大的心理学家席勒说："我们极希望获得别人的赞扬，同样地，我们也极为害怕别人的指责。"

既然如此，在我们觉得需要说"你错了"时，要用最大的耐心和最大的智慧，将"你错了"三个字重新咽回自己的肚子里。说"你错了"不如承认"我错了"。

没有多少人能够正视别人的批评，大人物不能，小人物更不能。

巧妙应对羞辱你的话

公然直接羞辱人的言语不论怎样，都有一个共同点：说话的人很冲动，而且被逼得无话可说，你不可以被他的一句辱骂感染而变得像他一样失去理智。应付他的基本对策是保持冷静安详，这样才能够稳操胜券。下面列举几种对待侮辱性语言的方法：

1. "你说话之前应该先想想"

什么人说话之前不先想过呢？对方这样说，并不是真的提醒你去运用思想，而是指责你说了令他不悦的话。

在这种情况下，你可以试着选用下列方法应付：

（1）你把重点放在时间问题上："唔，那么'以后'该怎样呢？"

（2）接受他的好意："好，我尽力而为就是。不过，我一向习惯在你说话之前先想。"

（3）采取幽默的态度，为他抱不平："可是我想了你不想，对你不是太不公平了吗？"或"我在这儿想，冷落了你，太失礼了。"

（4）报以微笑，然后默默不语，如果他不耐烦了，想再说什么，你就打断他："嘘……！我正在想呀。"

2."你父母是怎样教养你的？"

谈话之中突然牵扯到你的父母，这是最令人冒火的事，但是你千万别为父母受了指责而生气，对方与你父母无冤无仇，并不真打算侮辱他们，他的目的是惹你发火。

在这种情况下，你可以试着选用下列方法应付：

（1）装傻充愣。你说："我是爷爷奶奶带大的。"

（2）侧面躲避。你默默想一会儿，再说："我记不得了，恐怕得麻烦你自己去问他们。"

（3）正面回击。可以做肯定的答复回敬他："我只记得一点，那就是不可以问这样没礼貌的问题。"

3."我不要跟你这种人讲话"

这样可恶的人决定不和你讲话，是你该觉得幸运的事，你就该坦白表示出来。

在这种情况下，你可以试着选用下列方法应付：

（1）"啊，太好了！""真是老天有眼。"

（2）他这句话是对你讲的，你当然可以说："哦？抱歉，我还以为你是在和我讲话。"

（3）对付这种无礼言辞的另一个方法就是假装没听见："你说什么？""你是说……？""我没听见，你再说一遍好吗？"不管他是否肯再说，都是他输了。假如他果真糊里糊涂再说一遍，你就以牙还牙："抱歉，你这种人说的话我听不见。"

4."你自以为是什么人？"

这样的话是要你对自我认识产生疑问——你为什么说出这种话？

在这种情况下，你可以试着选用下列方法应付：

（1）不要动怒，索性把他的话说清楚："依你的意思，我要是某某人才够资格和你说话，是吗？"

（2）谦和一点，请教他："我倒没想过这个问题，你常常自以为是什么人吗？"

（3）用开玩笑的方式："我不大确定，不过我一定算是个人物吧，有不少人给我写信呢。""现在吗？我自以为是受害者。""不管是谁，反正是你没听过的人。"或者干脆指指旁边的人："我自以为是他，你再问问他自以为是谁。"

5."你少来这一套"

这是不太重的话，即便是当众以不周的语气对你说了，你仍应该礼貌地答复。回答的方式不外乎一般客套："不必客气""请笑纳"。

如果是你说的一句话惹怒了对方，而使他说出这样的话，你觉得他的怒意莫名其妙，你的话可以说重些："本是你应得的，何必恭维！"

坦然面对别人的攻击

1.以理解的心情面对对方的错怪

不少时候，人和人之间的相互发火，是因为互不了解、有失沟通造成的。这时候得理的一方切不可因对方的错怪而以怒制怒。最好的方式是多加解释，想法沟通或者道歉、劝慰，与对方达成谅解或共识。

一所医院里，病人挤满了候诊室。一个病人排在队伍中，将手上的报纸都看完了也没有挪动一步，于是他怒火万丈，敲着值班室的窗户对值班人员大喊："你们这是什么医院？这么多人排队你们看不见吗？为什么不想办法解决？我下午还有急事呢！"值班员面对病人的怒火，耐心解释说："很抱歉，让你等了这么久。是这样的，医生去开刀了，抢救一个危重病人，一时脱不了身。我再打电话问问，看看他还要多久才能出来。谢谢你的耐心等候。"

患者排长队得不到及时诊治，责任并不在那个值班员身上。但是他理解病人的急切心情，因此，面对病人的错怪，能够沉住气一面解释一面劝慰，这就比以怒制怒、火上添油的回答好多了。

2.用幽默自嘲摆脱尴尬局面

一位作家刚发表一篇小说，获得了赞誉之声。另一位作家却不以为然，跑去问他："这本书还不错，是谁替你写的？"他答道："哦，谢谢你的称赞，不过，是谁替你把它读完了？"幽默的回敬，对"揭短"者是一种有效的应付之道。

妻子、朋友、亲戚有时会开玩笑似的揭你的"短"，弄得你有点下不来台。你想默认会觉得窝囊，想还口又不知该如何说。

这时，怎样从困境中摆脱出来？不妨运用幽默的语言、滑稽的表情和笑料冲淡这尴尬的处境，活跃气氛。这也是语言机智应变的技巧之一。

显然，设法改变处境比保持沉默要主动，但有一点应当明确，那些"揭短"的人通常是你的配偶、亲友，你不能采用气愤的话予以还击，而幽默的解嘲是最好的办法。

自嘲运用得好，可以使交谈平添许多风采。如果用不好，会使对方反感，造成交谈障碍。自嘲要审时度势，相机而用，不宜到处乱用。比如，对话答辩、座谈讨论、调查访问等，就不宜使用自嘲。此外，自嘲要避免采取玩世不恭的态度。具有积极的自嘲，包含着自嘲者强烈的自尊、自爱。自嘲不过是当事者采取的一种貌似消极、实为积极地促使交谈向好的方向转化的手段而已。

在对付"揭短"时，尤其要注意：

（1）尽量不要认为他人别有用心。如果我们神经过敏，对别人的每一句话都琢磨一番潜台词、话外音，那就会自寻烦恼。因为在许多场合，对方往往是脱口而出或即兴联想的玩笑话，根本没想到会伤害你。

（2）不可反唇相讥。有人听不得半句"重话"，动辄连珠炮似的反讯，常因此挑起唇枪舌剑，使良好的关系破裂。一般说来，开玩笑的人若是得到严肃的回报，脸上常挂不住。所以，我们不能为笑话失去一个朋友，甚至给人留下心胸狭窄的印象。

（3）遇到人"揭短"，如果羞怯万状，既不能正常地保持沉默，又不能机智地改变处境，以至失态，那就显得有些"小器"了。而保持泰然自若的风度，暂时把"揭短"抛置一边，寻找别的话题，或点起一支烟，端起一杯茶，转移别人的视线等，才是上策。

3.以幽默调侃

一位巴黎的剧作家邀请小仲马看他的新剧本的演出。大幕拉开了，戏正在演出。小仲马不断回头，嘴里嘟哝着："一个，两个，三个！"

"您在干什么？"剧作家纳闷地问。

"我在替您数打瞌睡的人。"

过了些日子，小仲马的剧本《茶花女》上演了。上次请小仲马看戏的那位剧作家和小仲马又坐在了一起。演出开始之后，他也不断回头去找，找了半天，居然也找到一个打瞌睡的人。那位朋友欣喜若狂，连忙说："亲爱的，您的《茶花女》上演，也有人打瞌睡。"

小仲马听了毫不介意，幽默地说："您不认识这个人吗？他是上次看您的戏时睡着了，至今尚未醒来的人。"

4.找到攻击者的弱点以转移别人的注意力

美国总统罗斯福的新政，曾遭受到许多政治评论家的攻击和批评，其中以亨利·门肯的批评最为严厉。

有一次在华盛顿里迪罗俱乐部的大会上，政治人物云集，当然，新闻记者更是里里外外忙个不停。

轮到罗斯福演讲时，他清了清喉咙，对着在座的亨利·门肯笑了笑，说了开场白："各位先生女士，我的朋友亨利……"

接下来的演讲内容却让全场观众哗然，尤其是新闻记者，彼此面面相觑，十分惊讶。

罗斯福大肆谩骂美国的新闻界，指出新闻界的记者都十分无知、没有常识，并且愚蠢而自大。在场记者觉得罗斯福简直莫名其妙，怎么好好地骂起人来了，但是再听下去就渐渐地会过意来了。

原来罗斯福所讲的内容是亨利·门肯写的一篇文章《美国新闻界》，这时所有的焦点都对准了满脸通红的亨利。

本来要根据亨利抨击的重点提出问题的记者，这时对他的评论内容起了怀疑，因为他对于记者的评论如此离谱，那么对于罗斯福的政策抨击又能令人相信吗？

会后，罗斯福被人推着轮椅离开时，还特别到亨利面前微笑致意，表示出政治家的气度。

原本会遭受各界质询的罗斯福，于是很轻松地渡过了这一关。

当遭受到攻击时，想办法找到对方的弱点来转移别人的注意力，减轻自己的压力是很有效的防身术。

5.巧妙辟谣

无端诽谤和造谣中伤在美国总统的竞选中是常有的事。1800年，约翰·亚当斯在竞选总统时，就有个共和党人煞有介事地指控他曾委派竞选伙伴平尼克将军到英国去挑选四个美女做情妇，两个给平尼克，两个留给他自己。这种桃色新闻对于一个政坛要人来说其打击往往是致命的，弄不好就会搞得身败名裂。然而亚当斯却没有急于申辩和澄清，他大笑着说道："假如这是真的话，那平尼克将军一定是瞒过了我，全都独吞了！"周围的人听了，无不捧腹大笑。

6.保持平静，不进行攻击

当别人确实侵犯到你，你当然有权利生气。如果对方是陌生人，你可以大吼大嚷、漫天叫骂，然后一走了之，祈祷彼此再也不要碰面。但是，如果对方是你的同事、朋友或家人呢？

你仍然应该生气，但别忘了沟通的艺术。得理不饶人的强烈抨击只会告诉对方：在我眼中，你是个彻头彻尾的无能者、不折不扣的坏蛋。

然而，当你平静而清楚地告诉他，他的某些行为（而非他的人格、本性）激怒了你、为什么时，将使对方有路可走，可以改过迁善。

当然，改变自己和宽恕别人的确不容易，但值得努力。敌意和怒气给我们的心灵与肉体带来同样沉重的负担，未雨绸缪避免它不是很好吗？

不要把话说绝

大港油田某工厂曾经有一批"请调大军"，对此，新厂长并没有大惊小怪，更没有埋怨指责，面对几百名"请调大军"，他发出肺腑之言："咱们厂是有很多困难，我也怵头。但领导让我来，我想试一试，希望大家给我半年时间，如果半年后咱厂还是那个奶奶样，我辞职，咱们一块走！"

这些话语没有高调，朴实无华，既是人格的表现，又是模糊语言的恰当运用。厂长没有坚定地表示决心，而是"我也怵头"；他没有把话说绝，而是"我想试一试"；他没有正面阻止调动，而恰恰相反，"如果半年后咱厂还是那个奶奶样，我辞职，咱们一块走。"然而，谁也不会相信，这是一个来"试一试就走"的厂长。相反，人们正是从他那入情入理、心底坦荡的语言中感到了力量，看到了希望。这个工厂像是一个得了狂躁症的病人吃了镇静剂那样恢复了平静，一心要干下去的人增强了信心，失去了信心的人振作了精神。模糊语言在这里发挥了神奇的作用。

1949年，国共谈判时，毛泽东分别接见了一些国民党政府代表，当刘斐和毛泽东谈起共同关心的问题时，表现出对于和谈的前景尚有怀疑，就试探着问毛泽东：

"您会打麻将吗？"

"晓得些，晓得些。"毛泽东回答道。

"您爱打清一色呢，还是喜欢打平和？"

"平和，只要平和就好了。"毛泽东听出了刘斐话中有话，笑着回答道。

在这里，我们听到了一连串的模糊语言，它一语双关，含不尽之意于言外，在这种特殊场合，成了沟通思想而又不致引起矛盾的特殊方法。我们在外交事务中，常常用"在适当的时候访问贵国"来回答国外的邀请，"适当的时候"，就是模糊语言，它既显得彬彬有礼、十分中肯，又给我们自己创造了一个宽松的环境。试想若用"不打算去"或"马上就去"或"某月某日去"等非常确定的语言来回答，其效果都不会理想。这就是我们通常所说的"弹性外交"的很好运用。

柔性管理首先要端正思维方式，冲破传统的、习惯了的"非此即彼"的思维约束，寻求两个对立极端的中间状态，使其真正与现实问题相吻合。彻底抛弃"非对即错""非黑即白"等长期困扰我们的违反辩证法的极端观念。

一位伟人曾针对这种"绝对分明的和固定不变的界限"指出："除了'非此即彼'，又在适当的地方承认'亦此亦彼'！"

Part10 委婉含蓄：巧用弦外之音的技巧

社会生活纷繁复杂，人们总会遇到一些不便直言的事情或场合，这就要求我们要掌握委婉含蓄的说话技巧。含蓄就是在交谈或论辩中，不把本意直接说出来，而是采取曲折隐晦的方式表示本意，带有哑谜特色的一种当众讲话方法。

怎样避免和别人争论

这并不是主张绝对不要和别人争论，在有的时候、有些场合，一个人应该为自己确信的真理和主张去和反对者争论，辨别是非。这种争论，有时还会发展到很激烈的程度。

但是，在一般交谈的场合，却要极力避免和别人争论，因为交谈的主要目的是促进彼此的了解，增进双方的友谊，是一种社交性的活动，一争论起来就很容易伤感情，和原来的目的背道而驰了。

然而，这也并不是说，在一般谈话的场合就完全放弃自己的看法，别人说黑，你也跟着说黑，别人说白，你也跟着说白，这样虽然可以避免争论，但你已经变成一个没有确定的主张和见解的应声虫，或者被人家看成不诚恳不老实的大滑头，这也会妨碍你和别人的正常交往。

如果要做到既不必随声附和别人的意见，又避免和别人争论，究竟有没有两全的办法呢？

答案是：有的。

1. 尽量了解别人的观点。在许多场合，争论的发生多半由于大家只看重自己这方面的理由，而对别人的看法没有好好地去研究、去了解。如果我们能够从对方的立脚点去看事情，尝试着去了解对方的观点，认识到为什么他会这样说、这样想。这样，一方面使我们自己看事情的时候会比较全面；另一方面也可以看到对方的看法也有他的理由。即使你仍然不同意他的看法，但也不至于完全抹杀他的理由，那么自己的态度就可以比较客观一点，自己的主张就可以公允一点，发生争论的可能性就比较低了。

同时，如果你能把握住对方的观点，并用它来说明你的意见，那么，对方就容易接受得多，而你对其观点的批评也会中肯得多。而且，他一旦知道你肯细心地体会他的真意，他对你的印象就会比较好，他也会尝试着去了解你的看法。

2．对方的言论，你所同意的部分，尽量先加以肯定，并且向对方明确地表示出来。一般人常犯的错误就是过分强调双方观点的差异，而忽视了可以相通之处。所以，我们常常看到双方为了一个枝节上的小差别争论得非常激烈，好像彼此的主张没有丝毫相同之处似的，这实在是一个不智之举，不但浪费了许多不必要的精力与时间，而且使双方的观点更难沟通，更难得到一致或相近的结论。

解决的办法是，先强调双方观点相同或近似的地方，在此基础上，再进一步去求同存异。我们的目的是在交谈中使双方的观点更接近，使双方的了解更深。

即使你所同意的仅是对方言论中的一部分或一小部分，只要你肯坦诚地指出，也会因此营造比较融洽的交谈气氛，而这种气氛，是能够帮助交谈发展，增进双方的了解的。

3．双方发生意见分歧时，你要尽量保持冷静。通常，争论多半是双方共同引起的，你一言我一语，互相刺激，互相影响，结果火气就越来越大，情感激动，头脑也不清醒了。如果有一方能够始终保持清醒的头脑和平静的情绪，那么，就不至于争吵起来。

但也有时候，你会遇见一些非常喜欢跟别人争论的人，尤其是他们横蛮的态度和无理的言辞常常使一个脾气很好的人都会失去耐性。在这种时候，你仍然能够不慌不忙、不急不躁、不气不恼的，将会使你可以能够跟那些最不容易合作的人好好地进行有益的交谈。

4．永远准备承认自己的错误。坚持错误是容易引起争论的原因之一。只要有一方在发现自己的错误时，立即加以承认，那么，任何争论都容易解决，而大家在一起互相讨论，也将是一桩非常令人愉快的事情。在我们谈话的时候，我们不能对别人要求太高，但却不妨以身作则，发现自己有错误的时候，就立刻爽快地加以承认。这种行为，这种风度，不但给予别人很好的印象，而且还会把谈话与讨论带着向前跨进一大步，使双方在一种愉快的心情之中交换意见与研究问题。

5. 不要直接指出别人的错误。老一辈的人常常规劝我们不要指出别人的错误，说这样做会得罪人，是非常不理智的。然而，如果在讨论问题的时候，不去把别人的错误指出来，岂不是使交谈变成一种虚伪做作的行为了吗？那么，意见的讨论，思想的交流，岂不是都成为根本没有必要的行为了吗？

然而，指出别人的错误的确是一件困难的事，不但会打击他的自尊和自信，而且还会妨碍交谈的进行，影响双方的友情。

那么，究竟有没有两全之道呢？

你可以尝试用以下的方法：

首先，你不必直接指出对方的错误，但却要设法使对方发现自己的错误。

在日常生活中，大家交谈的时候，并不是每一个人都能够始终保持清醒的头脑和平静的情绪，有许多人都有一种感情用事的毛病。即使那些自己很愿意跟别人心平气和地讨论问题的人，有时也不免受自己的情绪支配，在自己的思考与推论中，掺进一些不合理的成分。如果你把这些成分直截了当地指出来，往往使对方的思想一时转不过来，或是情绪上受到影响，感到懊恼异常。这都是对交谈的进行十分不利的。

但如果在发现对方推论错误的时候，你把你交谈的速度放慢，用一种商讨的、温和的语调陈述你自己的看法，使他能够自己发现你的推论更有道理。在这种情形下，他也就比较容易改变他的看法。

很多人都有这种认识：一个人免不了会看错事情、想错事情，假使他们能够自己发觉错误所在，他就会自动地加以纠正。但是如果被人不客气地当众指出来，他就要尽力去掩饰、尽力去否认、尽力去争执，因此，为了避免使他情绪激动，我就不去直接批评他的错误，不必逼他当着众人的面说："我错了"或者"我全错了"。有的人一看到别人犯了一点错误，就要把它死叮住不放，还加以宣扬，自鸣得意地让对方为难，这是一种幼稚的举动，是一种幸灾乐祸的态度，不是一种对人友好、与人为善的做法。

6. 最后，我们要改变一个人的看法和主张，并不是一朝一夕就可以成功的。所以我们不但不要心急地去使别人接受我们的意见，反而更要争取长期和别人互相交谈的机会，让我们从心平气和的讨论中，逐渐把正确的真理传播到朋友们的心中、脑中。

灵活处理不同意见和见解

处理不同意见和见解有以下四种基本方式：

1.不处理

我知道这种建议听起来好像很奇怪，但是我觉得有时候某些异议可以置之不理。比如，你在介绍计划时有人会说"听起来实施这个计划会很复杂"。对此，你的反应可以仅仅是一个会意的微笑，然后继续讲下去，不再理会。

在促销会上，有人可能会说"听起来会很花钱的"，对此你可以说"对"，然后继续解释你的计划，介绍从中得到的好处如何会大大地超出所需的投资。

我们在采取不理会的方法时应非常谨慎。这些异议如果对提问人来说真是问题的话，那么他会始终记着的，等你讲完后他还会提出来，这期间你说的什么他几乎都听不进去。

2.一段时间后再处理

我们可以这样说：

"这个问题提得好，一会儿我会讲到这个问题。"或者"我准备在讲投资部分时谈谈这个问题。我把它留到那时讲，好吗？"

另外，还必须注意自己的身体语言和表情，确信他暂时已不会再纠缠这个问题，而且明白你会在后面讲解的。绝不能让他有这样的感觉，认为你说后面再讲仅仅是希望大家会忘记这个问题。

3.立刻处理

通常情况下最好的方法是立刻就处理异议，当然这样做会打断你的发言或思路。你可以说：

"这是一个很好的问题，很高兴你能把它提出来。现在我们一起看看是怎么回事？"

"约翰，你说这个计划可能难以落实，能否再详细说说你的观点，让我能完全明白你的意思？"

你从这个问题的答复中能更好地理解约翰是怎么看待这个问题的。等他答复后你可以说："要是我理解得对的话……"针对他提出的异议，你重新措辞解释来肯定你的计划。

4.提出之前就处理

对付潜在问题，这是最有力的方法，能起到良好的作用。第一，这表明你为会议做了很好的准备，对提出的计划，你一定考虑了他人会怎么说。第二，你能把解答问题与你的发言内容有机地融合在一起，根据自己的时间妥善处理各种异议。第三，你用自己的语言解释问题，而不用被动地等待他人的提问。第四，你显然是一点儿也不担心会有异议，否则，你是不会自己提出来的。

你可以这样说："现在有些人会说这个计划可能难以落实，他们说的也许有点道理，但是……"接着解释计划将会如何容易地被落实完成。

"有些人会认为太贵了，但是我已经核查了所有必需的支出，平均下来每月只需1800英镑，而这项投资每月能产生6700英镑的收益。这是一项不错的投资，你们不会不同意吧？"

问题在提出前就解决了，这是最有效的方法。

该委婉和含糊时，就不要直白

1.学会委婉

委婉法是运用迂回曲折的含蓄语言表达本意的方法。在日常交际中，总会有一些不便、不忍，或者语境不允许直说的话题，需要把"词锋"隐遁，或把"棱角"磨圆一些，使语意软化，便于听者接受。说话人故意说些与本意相关或相似的事物，来烘托本来要直说的意思。

委婉法是办事说话时的一种"缓冲"方法。委婉语能使本来也许是困难的交往，变得顺利起来，让听者在比较舒服的氛围中接受信息。因此，有人称"委婉"是办事语言中的"软化"艺术。例如，巧用语气助词，把"你这样做不好！"改成"你这样做不好吧。"也可灵活使用否定词，把"我认为你不对！"改成"我不认为你是对的。"还可以用和缓的推托，把"我不同意！"改成"目前，恐怕很难办到。"这些，都能起到"软化"效果。

具体地说，委婉法有以下几种形式：

（1）讳饰式委婉法

讳饰式委婉法，是用委婉的词语表示不便直说或使人感到难堪的方法。

有时，即使动机好，如果语言不加讳饰，也容易招人反感。比如：售票员说："请哪位同志给这位'大肚皮'让个座位？"尽管有人让出了座位，但孕妇却没有坐，"大肚皮"这一称呼使她难堪。如果这句话换成："为了祖国的下一代，请哪位热心人，给这位'有喜'的妇女大姐让个座位？"当有人让出座位时，这位孕妇就会表示对售票员感谢，并愉快地坐下。

（2）借用式委婉法

借用式委婉法，是借用一事物或他事物的特征来代替对事物实质问题直接回答的方法。例如：

在纽约国际笔会第四十八届年会上，有人问中国代表陆文夫："陆先生，您对性文学怎么看？"陆文夫说："西方朋友接受一盒礼品时，往往当着别人的面就打开来看。而中国人恰恰相反，一般都要等客人离开以后才打开盒子。"

陆文夫用一个生动的借喻，对一个敏感棘手的难题，婉转地表明了自己的观点——中西不同的文化差异也体现在文学作品的民族性上。以上例子，实际上是对问者的一种委婉的拒绝，其效果是使问话者不至于尴尬难堪，使交往继续进行。

（3）曲语式委婉法。

曲语式委婉法，是用曲折含蓄的语言和商洽的语气表达自己看法的方法。例如：

《人到中年》的作者谌容访美。在某大学讲演时，有人问："听说您至今还不是中共党员，请问您对中国共产党的私人感情如何？"谌容说："你的情报很准确，我确实还不是中国共产党员。但是我的丈夫是个老共产党员，而我同他共同生活了几十年尚无离婚的迹象，可见……"

谌容先不直言以告，而是以"能与老共产党员的丈夫和睦生活几十年"来间接表达自己与中国共产党的深厚感情。有时，曲语式委婉法比直接表达更有力，这种曲语式的委婉用语，真是利舌胜利剑。

2.要学会含糊

含糊法是运用不确定的或不精确的语言进行交际的方法。在公关语言中运用适当的含糊，这是一种必不可少的艺术。办事需要语词的模糊性，这听起来似乎是很奇怪的。但是，假如我们通过约定的方法完全消除了语词的模糊性，那么，就会使我们的语言变得十分贫乏，使它的交际和表达的作用受到限制。

例如：某经理在给员工作报告时说："我们企业内绝大多数的青年

是好学、要求上进的。"这里的"绝大多数"是一个尽量接近被反映对象的模糊判断，是主观对客观的一种认识，而这种认识往往带来很大的模糊性。因此，用含糊语言"绝大多数"比用精确的数学形式的适应性强。即使在严肃的对外关系中，也需要含糊语言，如"由于众所周知的原因""不受欢迎的人"等等。究竟是什么原因，为什么不受欢迎，其具体内容，不受欢迎的程度，均是模糊的。

平时，你要求别人到办公室找一个他所不认识的人，你只需要用模糊语言说明那个人矮个儿、瘦瘦的、高鼻梁、大耳朵，便不难找到了。倘若你具体地说出他的身高、腰围的精确尺寸，反而很难找到这个人。

（1）宽泛式含糊法

宽泛式含糊法，是用含义宽泛、富有弹性的语言传递主要信息的方法。例如：

现代文学大师钱钟书先生，是个自甘寂寞的人。居家耕读，闭门谢客，最怕被人宣传，尤其不愿在报刊、电视中扬名露面。他的《围城》再版以来，又拍成了电视剧在国内外引起轰动。不少新闻机构的记者，都想约见采访他，均被钱老谢绝了。一天，一位英国女士好不容易打通了钱老家的电话，恳请让她登门拜见钱老。钱老一再婉言谢绝没有效果，他就妙语惊人地对英国女士说："假如你看了《围城》像吃了一只鸡蛋，觉得不错，何必要认识那只下蛋的母鸡呢？"洋女士只好放弃了采访打算。

钱先生的回话，首句语义明确，后续两句："吃了一只鸡蛋觉得不错"和"何必要认识那只下蛋的母鸡呢？"虽是借喻，但从语言效果上看，却是达到了"一石三鸟"的奇效：其一，是属于语义宽泛，富有弹性的模糊语言，给听话人以寻思悟理的伸缩余地；其二，是与外宾女士交际中，不宜直接明拒，采用宽泛含蓄的语言，尤显得有礼有节；其三，更反映了钱先生超脱盛名之累、自比"母鸡"的这种谦逊淳朴的人格之美。一言既出，不仅无懈可击，且又引人领悟话语中的深意，格外令人敬仰钱老的道德与大家风范。

（2）回避式含糊法。

回避式含糊法，是根据某种场合的需要，巧妙地避开确指性内容的方法。

3.妙用"模糊语言"

模糊语言也是实际表达中需要的，常用于不必要、不可能或不便于把话说得太实太死的情况，这时就要求助于表意上具有"弹性"的模糊语言。随机应变，尤其需要模糊语言。

1962年，我国在自己的领空击落美国高空侦察机后，在记者招待会上，有记者突然问外交部长陈毅："请问中国是用什么武器打下U-2型高空侦察机的？"这个问题涉及国家机密，当然不能说，更不能乱说。但对记者的提问，又不能不答。于是陈毅来了个闪避："嘿，我们是用竹竿把它捅下来的呀！"用竹竿当然不可能捅下来侦察机，但大家都心照不宣，哈哈大笑一阵便罢了。

含蓄说话往往是做人有深度的表现

社会生活纷繁复杂，人们总会遇到一些不便直言的事情或场合，这就要求我们要掌握委婉含蓄的说话技巧。含蓄就是在交谈或论辩中，不把本意直接说出来，而是采取曲折隐晦的方式表示本意，带有哑谜特色的一种当众讲话方法。

第二次世界大战后，一位记者问萧伯纳："当今世界上你最崇敬的是什么人？"萧伯纳答道："要说我所崇敬的第一个人，首先应推斯大林，是他拯救了世界文明。"记者接着问："那么第二个人呢？"萧伯纳回答："我所崇敬的第二个人是爱因斯坦先生，因为他发现了相对论，把科学推向一个新的境界，为我们的将来开辟了无限广阔的前景，他对人类的贡献是无可估量的。"记者又问："世界上是不是还有阁下崇拜的第三个人呢？"萧伯纳微笑道："至于第三个人嘛，为了谦虚起见，请恕我不直接说出他的名字。"

细加揣摩便会明白萧伯纳的本意，记者们心领神会，对萧伯纳含蓄幽默的说话技巧钦佩不已，同时也得到了满意的答复。

在日常交际中，人们总会遇到一些不便说、不忍说，或者是由于语言环境的限制而不能直说的话，因此不得不"遁辞以隐意，谲譬以指事"，故意说些与本意相关或相似的事物，来烘托本来要直说的意思，使本来也许十分困难的交往，变得顺利起来。

在以下情形你可以试用委婉含蓄的方法表达自己的意见，往往会收到意想不到的后果。

当你要表达难以启齿的事物、行为或要求时，含蓄的方法可帮你解围。

《贵阳晚报》曾介绍过一位卖夜壶的老大爷与一个顾客的对话：

冬天，一个顾客见有久违的夜壶上市，而且质量很好，造型别致，便去挑选。但选来选去，总感到太大，便自言自语道："好是好，就是大了点。"

老大爷闻言，笑道："冬天——夜长啊！"

顾客一听，会心地笑了，于是买了一把。对话中，这位老大爷用"冬天——夜长"一句话，含蓄地表达了"夜长尿多"的意思，幽默风趣。

对有些棘手的问题不便明言，但大家都能明白时，为照顾对方的面子，维护自己的尊严，当众讲话时可含而不露，让听众去自己体会。

1972年2月21日，尼克松访华下榻在钓鱼台国宾馆。尼克松与基辛格及白宫来的工作人员被安排在18号楼，而国务卿罗杰斯等人住在不远的6号楼。基辛格以前两次来访时在这幢楼住过，尼克松从住处的安排就觉察出周恩来十分熟悉美国国情，知道美国权力设置的"三权分立，权力制衡"的制度。

到达宾馆后，大家在会客厅摆成大圆圈的沙发上落座，周恩来总理和美国客人一一打过招呼，寒暄中不时开几个小小的玩笑，以活跃气氛。

当时由于中美未正式建交及历史原因，很多问题的表达都让人感到棘手。如何才能既维护自己的尊严又不令对方过于难堪成了外交活动的理想境界。在谈判时，采用含蓄的方式既能表达自己的意思，令对方一思即得，又能使谈判顺利进行，周恩来的外交风采就鲜明地体现在对含蓄方式的运用上。

晚上，在欢迎尼克松总统一行的酒会上，周恩来说："由于大家都知道的原因，两国人民之间的来往中断了二十多年……"

这一"大家都知道的原因"真是绝妙，它既使在座的人们知道造成这一事实的原因是美国对新中国的封锁和干涉，又不伤美国人的面子。听到这一"原因"，在场的美国人和中国人都心照不宣，相视一笑。

当你发现领导或长辈确实犯了错误，又不便直接指出时，借助含蓄的语言可以起到劝导作用。

齐景公滥用酷刑，百姓怨声载道。晏婴一直想借机劝谏。一天，齐景公对晏婴说："先生的房子离集市太近，狭小潮湿，喧闹而多尘土，我想给你换一处好房。"晏婴推辞说："离集市近，也有好处，买什么东西出门就到，再说，怎么敢烦劳众乡里帮我盖房搬家呢？"景公笑了笑，道："你离集市近，了解市价行情吗？"晏婴点点头。景公说："那你说现在市场上什么东西贵，什么东西贱？"当时齐景公对百姓采用的酷刑是砍掉双腿，因此市场上卖假腿的很多。于是晏婴趁机说："踊贵履贱。"意思是说市场上假腿的需求量增大而不断涨价，而鞋却十分便宜。齐景公意识到了自己的过错，从此免了砍腿的酷刑。

为防止产生误会，造成隔阂，也为了让对方接受建议，对一些特殊人物可采用婉言批评的技巧。

曹禺的《日出》中方达生和陈白露有这样一段对话：

方：竹均，怎么你现在变成这样——

陈：这样什么？

方：呃，呃，这样地好客——这样地爽快。

陈：我原来不是很爽快吗？

方：（不肯直接道破）哦，我不是，我不是这个意思……我说，你好像比从前大方得——

陈：我知道你心里是说我有点太随便，太不在乎，你大概有点疑心我很放荡，是不是？

在这段对话中，方达生本意是要批评陈白露"太随便"，但这样说怕伤了对方，而使用"好客""爽快""大方"等等词语，婉转地批评了陈白露，使陈白露自然地警觉起来。这种婉言批评是一种正话反说。还有一种方法是先隐后现，即先引其亮出观点，而后提出事实，证明其观点错误，使其自我否定，达到教育目的。

当你不愿、不必或不需对一些错误言行进行直言批评时，运用含蓄的语言进行委婉、间接的批评，既可以给被批评者留面子，又能一语点透。永远要记住，如果你不采用含蓄的语言进行委婉、间接的批评，而是严言厉句地批评别人，也许你早就忘记了，可是，被你伤害的那个人却永远不会忘记。

顾及更多人的面子

中国人很看重"面子"问题，在同事、朋友间相互批评时也要注意这一点。生活中有不少人不是这样，常常无情地剥掉别人的面子，伤害了别人的自尊心，还自以为是。其实，只要冷静地思考一下，对那些性格内向、爱面子或工作中偶有疏忽和性格敏感多疑的人，只需含蓄地表示一下这种批评意思，就能达到理想的目的。

当你不能肯定自己的某些要求愿望是否合理，别人是否支持，或为顾及风度不便直言提出时，借助含蓄语言可以帮助你维护自尊，避免尴尬，取得成功。

1954年4月，周恩来总理赴日内瓦出席印度支那战争问题的日内瓦会议。一天趁休会，他邀请了卓别林夫妇到中国大使馆共进晚餐。席间，卓别林望着刚上桌的北京烤鸭，诙谐地说："我所创造的流浪汉夏尔洛，他走路时叫人捧腹大笑的步态，就是从鸭子走路的神态中得到启发的，为了感谢鸭子，我从那以后就不吃鸭子。"

这时，大家急忙向他表示歉意，他又说："不过，这次可以例外，因为这不是美国鸭。"卓别林的一席话，引得大家笑声不止。卓别林夫妇对北京烤鸭也赞不绝口。宴会结束时，周总理关心地问今天的菜是否合胃口？卓别林风趣地说："贵国的烤鸭，食味之好虽然举世无双，但有一个小小的缺点，就是不能让我再多吃。"

周总理听后，理解其意，嘱咐工作人员送两只烤鸭给卓别林夫妇。卓别林高兴得连声道谢。卓别林不愧为幽默大师，想吃烤鸭，又不便明说，于是借周总理问话之机，含蓄地道出了自己的想法，可谓得体自然，幽默风趣。

《谈薮》中记载了这样一件事：宋太祖曾当面答应授予张融司徒长史官职，可很长时间没有下令。于是张融上朝时，故意骑着一匹瘦得皮包骨头的病马。太祖见了，问："爱卿的马太瘦了，每天给它吃多少粮食？"张融说："每天喂一石。"太祖说："吃一石怎么这样瘦呢？"张融说："嘴里答应实际上不给。"太祖明白了张融的话，不久就授予他司徒长史官职。

男女间表达爱慕之情，采用含蓄语言，既可避免尴尬，又充满浪漫色彩。电影《归心似箭》中，写了抗联战士魏德胜和女青年玉贞的一段对话：

魏："咳，要不是你，我早就喂了黑瞎子啦！这可是没法报答的恩情。"

玉贞："哎哟，我就等着听这句话呢。你要报答我，那就一天给我挑两趟水。"

魏："那，容易，我就一天给你挑两趟。"

玉贞："挑到我儿子娶媳妇，挑到我闺女出门子，给我挑一辈子！"

魏："挑一辈子？"

玉贞："挑一辈子！"

一个普普通通的乡间女子，质朴、羞赧，心底里的爱慕之情羞于出口，只好借助"挑一辈子"这句话，委婉地表达自己的恋情，既深沉又动人。有这样一个例子：一对恋人在海边散步，男青年情真意切，对女青年海誓山盟，而女青年只是静静地听，并不说话。当男青年有些忐忑不安时，女青年才缓缓地说道："我是大海的女儿。"读过安徒生的童话《海的女儿》的人都知道，美丽的小人鱼为了心爱的王子而献出了动人的歌喉以至生命。女青年的爱慕之情不便直说，而巧借小人鱼表达感情，暗喻要像小人鱼爱王子那样爱她的恋人。

但含蓄不是似是而非，故作高深，含蓄的目的是让对方听出"言下之意""弦外之音"，达到讲话目的。如果将含蓄理解为闪烁其词、躲躲闪闪，与含蓄的宗旨就背道而驰了。在鼓舞斗志、交流思想的当众讲话中，言辞还是坦白直接点好，讲话太含蓄会让人觉得你太虚伪、做作，反而听不懂你讲话的目的何在。而对于新闻发布、辩论等类型的当众讲话不妨含蓄一点，多用"弦外之音"。

含蓄才是最有力量的

俗话说，尺有所短，寸有所长。一个人犯了过失，并不等于他一无是处；反之一个人做了件好事，也不能说他做的每件事都是好的。因此，我们在发现别人犯了过失时，既然决定要批评或指出，就一定要注意方式方法，过急或过火必然招致对方的厌烦，批评也就无法奏效。过轻或过迟，对方则可能根本意识不到。所以，只有及时和含蓄地提出批评，才能发挥应有的作用。当然这里说的含蓄应遵循不失实、不就轻的原则。

唐代名相魏徵以直言善谏闻名，而他在批评唐太宗时也很善用含蓄的方法，尽管这样，唐太宗也非常惧怕魏徵。一次，有人送给唐太宗一只鸟，唐太宗很高兴，就托在手臂上逗着玩，见魏徵进来，怕他看见，赶紧揣到怀里。其实魏徵已看见了，只是故意不言明，奏事时有意慢条斯理，拖延时间。结果等魏徵走了，鸟闷死在唐太宗怀里。魏徵用含蓄的方式批评了唐太宗"玩物丧志"的行为。

在日常生活中所有的批评，如果只提对方的短处不提他的长处，对方就会感到心理上的不平衡，感到委屈。有效的办法之一就是先讲自己的缺点和过错。

这是因为你讲出你的错误，能给对方这样的心理暗示：你和他一样是犯过过失的人，这就会激起他与你的"同类意识"。在此基础上你再去批评对方，他就不会有"损害面子"的顾虑，因而也就更加容易接受你的批评，这要算含蓄的一种方法。

人都是有自尊心和荣誉感的，有的人之所以不愿接受批评，主要原因便是怕触伤自己的自尊心和荣誉感。为此，我们在批评他人时，如果寻找一种间接批评，反而能达到使其改正错误的目的。这种方式便是含蓄地批评他人。它首先忌讳的是批评者大发雷霆，伤害被批评者的自尊。另外，批评不应在公众场合进行，尤其是不要当着他所熟悉的人的面，否则批评就无法收到良好的效果。

说话最好简短有力

前苏联文学家高尔基说，如果一个人说起话来长篇大论，这就说明他也不甚明了自己在说些什么。

在公共场合演讲，有的人滔滔不绝，用语言的触角抓住了每一位听众，自然令人钦佩；有的人把自己的意思浓缩成几句话，犹如一粒粒沉甸甸的石子，在听众平静的心湖里激起层层波浪，同样值得称道。换个角度说，如果简短更有力，或同样有力，又何必长篇大论呢？

说话简短有力，不拐弯抹角，旁生枝节，必须抓住精髓，巧作对比，才能一语中的。

20世纪30年代，我国著名新闻记者、政治家、出版家邹韬奋先生在上海各界公祭鲁迅先生的大会上发表了一句话演讲：

"今天天色不早，我愿用一句话来纪念先生：许多人是不战而屈，鲁迅先生是战而不屈。"邹韬奋先生这只有一句话的演讲，在当时被人们誉为最具特色的演讲。即便是现在人们仍感叹邹韬奋先生演讲得简练有力。

我国有句俗语说得好，"蛤蟆从晚叫到天亮，不会引人注意；公鸡只啼一声，人们就起身干活。"的确，会说话的人，不一定是说话最多的人，话贵在精，多说无益。

日本一家大汽车公司的经理，想订购大批用于车厢内坐垫的绒布。有三家商店送来了货样，想承揽这笔大生意。经理看过这三家商店的样品，便约定一个日期，请这三家商店派人去商谈。

因为这是一笔大生意，所以这三家商店当然各自选取口才好的职员前去。甲、乙两店派去的人，都是长于言谈的人，丙店所派的人口才也很伶俐，然而这一天他竟不幸得了喉病。

他要是因病请假，那么眼看一笔巨大的生意因自己而失去，未免有些对不起店主；如果前去应命，那么，他患着喉病，又不能开口说话。犹豫半天，他还是去了。到了后，他看到甲、乙两店所派的职员，口若悬河似的说着话，把他们自己的商品，形容得天上少有地下绝无。他没有办法，只好用纸写道："我今天有喉病，我不能说话，就不说了，反正货您已看过了，我说多了也无用处。"可没想到那家汽车公司的经理竟说："那不要紧，我来试着代你说吧。"

真想不到，这位经理竟帮他把他店里的货物分析得一清二楚。于是，丙店最后自然而然地接下了这笔巨大的生意。

上面这个例子，虽然有些偶然，但也并不是全无道理，我们常讲"言为心声"，"真心"自然不需要过多"表白"。

让人印象深刻的回答

说一个人口才好，并不是指他怎么在人面前侃侃而谈，或者同样一件事经他嘴一说就天花乱坠，而是说他每一次说话都能起到说话的作用。古语讲，"山不在高，有仙则名"。说话也一样，不着重点的废话连篇，往往抵不上一句有根有实的话所能发挥出的作用。俗语"豆腐多了都是水，话多了都是唾沫"说的就是这个道理。

1903年12月17日，是人类第一次驾驶飞机离开地面飞行的日子。美国发明家莱特兄弟完成了这一历史创举后，到欧洲旅行。

在法国的一次欢迎宴会上，各界名流庆祝莱特兄弟的成功，并希望他俩给大家讲讲话，再三推托之后，大莱特走向了讲台，而他的演讲只有一句话："据我所知，鸟类中会说话的只有鹦鹉，而鹦鹉是飞不高的。"

这句精彩的话，博得了全场热烈的掌声。

莱特可以详尽地介绍自己科学发明的经过，也可以谈论科学家的实干精神。但他的一句话，已高度地概括了创造的艰难和埋头苦干的精神，就是这样一句话，已足以留给观众十分深刻的印象。

要想说话简练，一语中的，引起对方的关注，还必须注意，所说之话要有一定的事实依据。

宋赵益王赵元杰在王府中造假山，花费银子几百万两，造成之后，便邀请宾客同僚尽兴饮酒，一起观赏假山。大家都酒酣耳热，兴致勃勃，唯独姚坦低头沉思，他对假山连看也不看。这引起了益王的注意，益王强迫他看。

姚坦抬起头来说："我只看见血山，哪来的假山？"

益王大吃一惊，连忙问其原因。

姚坦回答："我在乡村时，亲眼见到州县衙门催逼赋税，抓捕父子兄弟，送到县里鞭打。这座假山都是用民众的赋税造起来的，这不是血山又是什么呢？"

姚坦把假山说成"血山"，看似耸人听闻，但他是以耳闻目见的事实为根据，才有如此强烈的效果。若他是信口胡言，或许便会大祸临头了。

巧妙精彩的无效回答

《韩诗外传》中记载了子贡与齐景公这样一段对话。

齐景公问子贡："你的老师是谁？"

子贡："鲁国的仲尼。"

齐景公："仲尼是贤人吗？"

子贡："是圣人啊？岂止是贤人呢。"

齐景公："他是什么样的圣人呢？"

子贡："不知道。"

齐景公怒气冲冲地问："开始你说仲尼是圣人，现在又说不知道，这是为什么？"

子贡："我终身戴天，并不知道天有多高；我终身践地，并不知道地有多厚；我求学于仲尼，就如同拿着勺子到江海中饮水，满腹而去，又哪里知道江海有多深呢？"

齐景公无法再问了。

子贡应该知道孔子是什么样的圣人，却因随口应对"不知道"而遭来责难。面对责问，子贡不愧为孔子的高徒，他用戴天不知天之高、践地不知地之厚、饮于江海而不知江海之深来类比就学于孔子而不知孔子是什么样的圣人，不仅做出了圆满的解释，而且赞美了孔子的伟大。

在我们的日常生活中，常会遇到一些难以回答、不便回答或不愿意回答的问题。如果坦白地答一声"不知道"或"无可奉告"，这不仅使对方难堪，破坏气氛，而且使自己显得无风度、没涵养、没水平。这时，你心中如果真的没有答案，或根本不想回答，那么最常用的巧妙答法就是使用无效回答，或叫作模糊回答。

所谓无效回答，就是用一些没有实际意义的话去做些实质性的回答，而别人又不能说没答。

Part11

恰到好处：说话贵在言谈得当

　　人与人之间沟通，懂得如何说话、说些什么话、怎么把话说到对方心坎儿里，这些都是很重要的方面。嘴上功夫看似雕虫小技，却有可能因此扭转你的一生。

说话必须把握尺度

人与人之间沟通，懂得如何说话、说些什么话、怎么把话说到对方心坎里，这些都是很重要的地方。嘴上功夫看似雕虫小技，却有可能因此扭转你的一生。

西汉初年，汉高祖刘邦打败项羽，平定天下之后，开始论功行赏。这可是攸关后代子孙的万年基业，群臣们自然当仁不让，彼此争功，吵了一年多还吵不完。

汉高祖刘邦认为萧何功劳最大，就封萧何为侯，封地也最多。但群臣心中却不服，私底下议论纷纷。

封爵受禄的事情好不容易尘埃落定，众臣对席位的高低先后又群起争议，许多人都说："平阳侯曹参身受七十处伤，而且率兵攻城略地，屡战屡胜，功劳最多，应当排他第一。"

刘邦在封赏时已经偏袒萧何，委屈了一些功臣，所以在席位上难以再坚持己见，但在他心中，还是想将萧何排在首位。这时候，关内侯鄂君已揣测出刘邦的心意，于是就顺水推舟，自告奋勇地上前说道：

"大家的评议都错了！曹参虽然有战功，但都只是一时之功。皇上与楚霸王对抗五年，时常丢掉部队，四处逃避，萧何却常常从关中派员填补战线上的漏洞。楚、汉在荥阳对抗好几年，军中缺粮，也都是萧何辗转运送粮食到关中，粮饷才不至于匮乏。再说，皇上有好几次避走山东，都是靠萧何保全关中，才能顺利接济皇上的，这些才是万世之功。如今即使少了一百个曹参，对汉朝有什么影响？我们汉朝也不必靠他来保全啊？你们又凭什么认为一时之功高过万世之功呢？所以，我主张萧何第一，曹参居次。"

　　这番话正中刘邦的下怀，刘邦听了，自然高兴无比，连连称好，于是下令萧何排在首位，可以带剑上殿，上朝时也不必急行。而鄂君因此也被加封为"安平侯"，得到的封地多了将近一倍。他凭着自己察言观色的本领，能言善道，舌灿莲花，享尽了一生的荣华富贵。

　　说话，要懂得什么时候说什么话；说了，还要为自己说过的话负责。一个人如果没有真才实学，如果没有真知灼见，从他嘴里吐出来的话也许能一时吸引他人，却不能一世蒙蔽他人。

　　说话要有尺度，尺度拿捏得好，很普通的一句话，也会平添几许分量，话少又精到，给人感觉深思熟虑。而说话的尺度决定于与你谈话的对象、话题和语境等诸多因素的需要。换句话说，要言之有度。

　　有度的反面则是"失度"，什么叫作"失度"呢？一般说来，对人出言不逊，或当着众人之面揭人短处，或该说的没说，不该说的却都说了，这些都是"失度"的表现。下面我们就简要介绍一些在谈话中禁忌的话题，接触这些话题容易导致谈话"失度"，产生不良效果。

　　1.随意询问健康状况。向初次见面或者还不相熟的人询问健康问题，会让人觉得你很唐突，当然，如果是和十分亲密的人交谈，这种情况不在此列。

　　2.谈论有争议性的话题。除非很清楚对方的立场，否则应避免谈到具有争论性的敏感话题，如宗教、政治、党派等易引起双方抬杠或对立僵持的话题。

　　3.谈话涉及他人的隐私。涉及别人隐私的话题不要轻易碰触，这里包括年龄、东西的价钱、薪酬等，容易引起他人反感。

　　4.个人的不幸。不要和同事提起他所遭受的伤害，例如，他离婚了或是家人去世等。当然，若是对方主动提起，则要表现出同情并听他诉说，但不要为了满足自己的好奇心而追问不休。

　　在人际交往中，谈话要有尺度，认清自己的身份，适当考虑措辞。哪些话该说，哪些话不该说，应该怎样说才能获得更好的交谈效果，是谈话应注意的。

同时还要注意讲话尽量客观，实事求是，不夸大其词，不断章取义。讲话尽量真诚，要有善意，尽量不说刻薄挖苦别人的话，不说刺激伤害别人的话。

说话必须掌握火候

把握说话的火候，主要就是把握说话的分寸。说话的分寸把握，我们在上文中已经讲了不少，现在着重讲一下在社交场上，如何在自己的上司面前说话，这是人际关系中一门重要的学问，但我们如果能很好地把握好与上司说话的火候，前程与事业上的一些难题，自然会迎刃而解。

生活中，我们有时在领导面前说错了话，虽不至于掉脑袋，但后果却也会很糟糕。

俗话说，伴君如伴虎。上司毕竟不像一般同事，何况一般同事之间也应该注意分寸，说话不能太无所顾忌。与领导相处，就更应该注意，平时说话交谈、汇报情况时，都要多加注意。特别是一些让领导不快的话，就更要小心把握，如：

"不行吗？没关系。"这话是对领导的不尊重，缺少敬意。退一步来讲，也是说话不讲方式方法，说了不该说的话。

"无所谓，都行。"这句话会让领导认为你感情冷漠，不懂礼节。

"您不清楚。"这句话就是对熟悉的朋友也会造成很大的伤害，对领导说这样的话，后果更加严重。

"有劳了。"这句话本来应该是上级对下级表示慰问或犒劳时说的，下级如果对上级这样说，后果似乎不太妙。不小心说错了话如何补救呢？在领导面前说错了话，一旦反应过来，要立即就此打住，马上道歉。不要因害怕而回避，应面对事实，尽量避免伤害对方的人格和面子，必要时可以再进行说明，而不必要的辩解只会越描越黑。

不经意地说："太晚了。"这句话的意思是嫌领导动作太慢，以至于快要误事了。在领导听来，肯定有"干吗不早点"的责备意味，你看这话能说吗？

"这事不好办。"领导分配工作任务下来，而下级却说"不好办"，这样直接地让领导下不了台，一方面说明自己在推卸责任，另一方面也显得领导没远见，让领导没面子。

"您真让我感动。"其实，"感动"一词是领导对下级的用法，例如说："你们工作认真负责，不怕吃苦，我很感动。"而晚辈对长辈或下级对上级用"感动"一词，就不太恰当了。尊重领导，应该说"佩服"。如："经理，我们都很佩服您的果断。"这样才算比较恰当。

另外，过度客气有时反而会招致误解。和领导说话应该小心谨慎，顾全大体。但顾虑过多则可能适得其反，容易遭受误解。所以应该善于妥善处理，以平常心去应付，习惯成自然，对这类情况就可以应付自如了。如果想克服胆小怕事的心态，有时越是谨慎小心，反而越容易出错，而一旦被上司误认为没有魅力，自然就得不到重用。

不能只顾自己

社交中的说话，同站在教室中教课或是站在演讲台上演说有很大不同。教课和演说，只有你一个人在说话，别人不能插嘴；而社交中的说话，彼此在对等的地位，如果在这种谈话中，你一个人一直滔滔如高山瀑布，永不停止地倾泻着，那对方就没有说话的机会，完全是你说人家听了。这样你肯定不会受人欢迎，甚至会被别人耻笑。

世界著名记者麦开逊说："不肯留神去听别人说话，是不受人欢迎的第一表现。"

每个人都有着他自己的发表欲，如几个人聚在一起讲故事，甲一个一个地讲了好几个了，乙和丙都是嘴痒痒的，也想来讲一两个。可是，甲只管滔滔不绝地一个一个地讲下去，使乙和丙想讲而没有机会讲。我们试想一下，乙和丙的心里一定不好受。因为他们自己没有说话的机会，专门听甲的讲话，自然会没有精神听下去，只好站起来不欢而散了。

一个商店的售货员，拼命地称赞他的货物怎样好，而不给顾客说话的机会，就不可能做成这位顾客的生意。因为顾客听你巧舌如簧、天花乱坠地说，顶多只把你看作一个生意精，绝不会因此购买你的货物。反过来，你只有给顾客有说话的余地，使他对货物有询问或批评的机会，双方形成讨论和商谈才有机会做成生意。

一位钢铁大王说："倾听是我们对任何人的一种至高的恭维。"心理学家杰克·伍德说："很少人能拒绝接受专心注意、倾听所包含的赞美。"所以说，注意倾听别人的讲话，而"倾听"本身就是一种"无言的赞美和恭维"。

有这样一个小故事，道理讲得很明白：

有一个卖货的小店，生意比其他店好，别人问店主为什么，他说："我只是爱听客人说话，他们有事愿意到我这儿来。"

你如果能够给别人说话的机会，你也就给人留下了一个好印象，在接下来交谈中你就更容易乘风远扬，顺利抵达自己说话的目的地。

能短说别长说

抓住要点，长话短说，是赢得听众喜欢的一件法宝，也是一种说话的谋略。

一次，马克·吐温与雄辩家琼西·M·得彪同乘一条船。

船行数日后，两人应邀参加一次晚宴。

席上演讲开始了。马克·吐温第一个滔滔不绝、充满情感地讲了20分钟，赢得了一片热烈的掌声。

然后，轮到得彪演讲，得彪站起来，面有难色地说：

"诸位，实在抱歉，会前马克·吐温先生约我互换演讲稿，所以诸位刚才听到的是我的演讲，衷心感谢诸位认真地倾听及热情地捧场。然而不知何故，我找不到马克·吐温先生的讲稿了，因此我无法替他讲了，所以，请诸位原谅我坐下。"

马克·吐温被他的一番话闹得哭笑不得，向得彪投去略带抱怨的目光，然后无可奈何地耸了耸肩。

德国著名诗人和戏剧家贝托尔特·布莱希特讨厌那些冗长单调而又没有多大效果的会议。

一次，有人请他参加一个作家的聚会，并让他致开幕词。布莱希特公务缠身，不想参加，便委婉地拒绝了。哪知，举办人并不罢休，他们想尽一切办法，直至布莱希特无可奈何地答应为止。

开会那天，布莱希特准时到会，悄悄地坐在最后一排。主办人看到后，把他请到了主席台就座。

一开始，主办人讲了一通很长却没有什么实际内容的贺词，向到会者表示欢迎，然后，激动地高声宣布："现在，有请布莱希特先生为我们这次大会致开幕词。"

布莱希特站了起来，快步走向演讲的桌子前。

到会的记者们赶紧掏出笔和小本子，照相机也咔嚓咔嚓响个不停。

不过，布莱希特却让某些人失望了，他只讲了一句话："我宣布，会议现在开始。"

马克思的女儿燕妮，有一次曾请教当时德国著名的一位历史学家，问他能否将古今的历史缩写成一本简明的小册子。

教授笑着答道："不必。"

接着说，只需用四句谚语，就能概括古今的历史：

1.当"上帝"要某人灭亡的时候，往往先让其有炙人的权势。

2.时间就是一个巨大的筛子，最终会淘去一切历史的沉渣。

3.蜜蜂盗花，但结果反而使那些花开得更盛，妩媚迷人。

4.暗透了便望得见星光。

从上面几个故事中可以看出长话短说，最重要的就是说出你要谈论的主题，其余的客套话尽量少说或不说，这样你的听众才不会感到心烦意乱。

当然，长话短说必须针对特定的对象。假如对方跟你并不是很熟悉，而你则一上来就直奔主题，势必让人感觉唐突，其效果可想而知。

一般说来，针对那些跟自己关系比较熟的人，或者是在一些比较正式的场合，如：商业谈判、会场、作报告、作演讲等，如果能够做到抓住要点，一针见血，没有那么多冗长的废话，就会很快地吸引听众，使他们迅速地进入主题，而一味地长篇大论，则会始终不得要领。

忠言逆耳需慎重

生活中，很多人因为忠言逆耳，面对别人出现的错误宁愿三缄其口，也不愿吐一个能够劝告别人的字，虽然他因此从未得罪过生活在他身边的人，但他却无疑失去了很多很好的朋友。我们常说，忠告对于帮助他人和建立真诚的人际关系，起着难以替代的重要作用。那么反过来讲，不能给予他人忠告的人不是真诚的人，这种人不能将自己的真实感受忠告于对方，也就无法得到对方的关爱。因此，我们应该欢迎忠告，更应该给人以忠告。

1.谨慎行事

说到底，忠告是为了对方，为对方好是根本出发点。因此，要让对方明白你的一番好意，就必须谨慎行事，不可疏忽大意，随便草率。此外，讲话时态度一定要谦和诚恳，用语不能激烈，也不必过于委婉，否则对方就会产生你在教训他的反感情绪。

2.选择时机

选择适当的场合和时机，是忠告的第二个要素。

例如，当部下尽了最大努力而事情最终没有办好时，此时最好不要向他们提出忠告。如果你这时不合时宜地说"如果不那样就不至这么糟了"之类的话，即使你指出了问题的要害且很在理，而部下心里却会顿生"你没看见我已拼命了吗？"的反感，效果当然就不会好了。相反，如果此时你能先说几句"辛苦你了""你已做了最大的努力""这事的确比较难办"的安慰话，然后再与部下一起分析失败的原因，最终部下是会欣然接受你的忠告的。除此之外，在什么场合提出忠告也很重要。原则上讲，提出忠告时，最好是以一对一，千万不要当着他人的面向对方提出忠告。因为这样做，对方就会受自尊心驱使而产生抵触情绪。

3.切勿比较

忠告的第三个要素，就是不要以事与事、人与人比较的方式提出忠告。因为此时的比较，往往是拿别人的长比对方的短，这样很容易伤害对方的自尊心。

例如："我说二强呀，你看隔壁家的小正多有礼貌，多乖啊！你和小正同年生，你还比他大两个月哩，你要好好向他学习，做个好孩子哟！"一位母亲这么忠告自己的儿子。

"哼，嘴里整天是小正这也好那也好，干脆让他做你的亲生儿子算了！"儿子的自尊心受到伤害，母亲的忠告效果适得其反。

再如："我说，你看王太太哪天不是整整齐齐的，而你总是不修边幅，你就不能学学人家的好样吗？"丈夫对不整洁的妻子提出了忠告。

　　"学学人家？你的收入有人家丈夫的多吗？你有了钱，难道我还不会打扮？"

　　虽然妻子明明知道自己的弱点，但出于自尊心，她没好气地回敬了丈夫，丈夫的忠告失败了。

Part12 谈吐幽默：会说话者必擅长幽默

  语言幽默的人在社交中往往大受欢迎。最能聚集人脉的人常常就是颇具幽默感的人。可以说，幽默在交往中的作用也是多方面的，幽默可以用来处理那些常规思维方式难以应付的问题；可以巧妙地化解矛盾；可以表达自己的不满又不至于伤了和气；可以表现委婉含蓄又入木三分的讽刺；可以用来帮助自己摆脱窘迫等等。

认识幽默感的重要性

美国心理学家保尔·麦基认为，幽默感对于人的社交能力的发展起着举足轻重的作用。

1979年1月，邓小平访问美国。当时的美国总统卡特和夫人在华盛顿举行盛大国宴，欢迎邓小平和夫人。与卡特夫妇和邓小平夫妇同桌坐的，有哈佛大学的中国问题专家费正清。费正清问邓小平："贵庚？"邓小平回答："72岁。"费正清说："我今年74岁。"邓小平说："但你仍满头乌发，而我早已秃头了。""这证明你脑筋用得太多了。"两人机智地对答，幽默风趣，其乐融融。

幽默是一个人的学识、才华、智慧、灵感在语言表达中的闪现，是一种"能抓住可笑或诙谐想象的能力"，是对社会上的种种不协调、不合理的荒谬现象、偏颇、弊端、矛盾实质的揭示和对某些反常规言行的描述。幽默语言可以使我们内心的紧张和重压释放出来，化作轻松的一笑。在沟通中，幽默语言如同润滑剂，可以有效地降低人与人之间的"摩擦系数"，化解冲突和矛盾，并能使我们从容地摆脱沟通中可能遇到的困境。

在社交中，谈吐幽默的人往往会取胜，没有幽默感的人往往会失败。在交际场合，幽默的语言极易迅速打开交际局面，使气氛轻松、活跃、融洽。在有分歧的难堪场面时，幽默、诙谐便可成为紧张情境中的缓冲剂，使朋友、同事摆脱窘境或消除敌意。此外，幽默、诙谐的语言还可以用来含蓄地拒绝对方的要求，或进行一种善意的批评。

幽默离不开智慧

幽默是智慧的产物，能反映情绪智力的高低，能促进身心健康。

蕴藏着人生哲理、妙趣横生、妙语连珠的幽默，使人思想乐观、心情愉快、意志坚定、消除疲劳、注意力与记忆力集中。

有一天，著名诗人海涅正在伏案创作。突然，有人敲门，原来是仆人送来一件邮包。寄件人是海涅的朋友梅厄先生。海涅因紧张的写作而感到有些疲倦，又因被人打断写作思路而很不高兴。他不耐烦地打开邮包，里面包着层层纸张。他撕了一层又一层，终于拿出一张小小的纸条。小纸条上写着短短的几句话："亲爱的海涅，我健康而又快活！衷心地致以问候。你的梅厄。" 尽管海涅感到不耐烦，但是这个玩笑却逗得他十分快乐，疲倦感即刻消失。他调整情绪后，决定跟他的朋友也开一个玩笑。

几天后，梅厄先生收到了海涅的一个邮包。那邮包重得很，他无法把它拿回家，他雇了一个脚夫帮他扛回家去。到家后，梅厄打开了这个令人纳闷的邮包。他惊奇地发现里面是一块大石头，石头上有一张便条，上面写着："亲爱的梅厄！看了你的信，知道你又健康又快活，我心上的这块石头落地。我把它寄给你，以永远纪念我对你的爱。"

幽默还可以缓解沟通中的紧张气氛，避免许多不必要的冲突。

诗人歌德有一次在公园散步，在一条小道上不巧碰见曾经攻击过他的政客。对方满怀敌意地说："我是从来不给傻子让路的。"歌德立即回答："而我刚好相反。"说完便马上让到路边去了。这件事虽然反映了政客的傲慢无礼和歌德的豁达大度，但更重要的是歌德幽默的回答，虽然只有几个字，却反映出了他反应的机敏和回敬的巧妙，还给狭路相逢的一对冤家免去了一场僵持不下的冲突，充分显示了歌德的宽宏大量和优雅风度。

莎士比亚说："幽默是智慧的闪现。"与幽默相联系的是智慧。在沟通中，要善于使用幽默的技巧，就需要具有一定的智慧，对于一个才疏学浅、孤陋寡闻的人来说，是很难生出幽默感来的。具体来说，产生幽默的条件至少应包括以下几个方面：广博的知识和深刻的社会经验；敏锐的洞察力和想象力；高尚优雅的风度和镇定自信、乐观轻松的情绪；良好的文化素养和语言表达能力。

要使自己的思维超乎常理，其智慧就在于随机应变，这一方面有赖于思维的敏捷度，而掌握恰当的幽默方式也必不可少。

此外，一个人谈吐幽默，是同他的聪明才智紧密相连的。这就要求我们有良好的文化素养、丰富的文化知识。如果一个人对古今中外、天南地北的风土人情等各方面都有所了解，再加上有较强的驾驭语言的能力，那么说话就容易生动、活泼和有趣。遍观古今中外著名的幽默大师，往往又都是语言大师。幽默并不是矫揉造作，而是自然的流露。有人深有感触地说："我本来无心讲笑话，笑话自然就从口里出来了。"其中的道理正说明了这一点。

幽默是拥有智慧的人类所特有的一种情感表达。那么幽默又是源自哪里呢？幽默引人发笑，似乎是快乐的表示，然而我宁愿相信：幽默更多地源于痛苦——虽然痛苦这个词从年轻人口里说出来很有一些矫情。

王小波讲过一个故事，说一个基督徒被野蛮人抓住烤来吃，这个基督徒看到自己的下半身给烤得吱吱冒油，急忙说："喂，下边已经烤好了，该烤烤上面了。"王小波一生都在强调有趣。王朔还说过另外一个故事，讲的是相声大师侯宝林在文革中遭批斗，红卫兵喝令他跪下，侯宝林说："跪下太封建了，干脆我趴下得了。"这就是对幽默最好的注解了，人的力量有大有小，如果你暂时无力改变你的遭遇，何不先试着改变一下对待遭遇的态度呢？人虽然不能永远快乐，但是可以永远乐观。这不是逃避现实的阿Q精神，而恰恰是对强权的蔑视，对不公正命运的反抗。那些真正有幽默感的人，无一不是生活的强者。

幽默感的内在构成

幽默感的内在构成，是悲感和乐感。悲感，是幽默者的现实感，就是对不协调的现实的正视。乐感，是幽默者对现实的超越感，是一种乐天感。悲感，让幽默者可以勇于面对现实，正视人性的弱点。乐感让幽默者在别人或者我们以前的弱点面前产生"突然的荣耀感"，给幽默者以信心和勇气，在困境中扬起胜利的风帆。

由痛苦到快乐，一定要具备某种超越精神。只有超越了现实，才能俯视现实，对待困难采取乐观的态度。

俄国著名寓言作家克雷洛夫生活穷困。他租了一间房子，房东要他在房契上写明，一旦失火，烧了房子，他就要赔偿15000卢布。克雷洛夫看了租约，不动声色地在15000后面加了两个零。房东高兴坏了："什么，1500000卢布？""是啊！反正一样是赔不起。" 克雷洛夫大笑。

在社会生活中，人们有可能会遭遇到不公正的待遇。一般来说，这种情形是暂时的，一旦真相大白，含冤者就会昭雪。但在现实生活中，很多人不能用幽默的态度对待这种委屈。如果我们学会幽默，就会在所谓的委屈之外发现令人无比快乐的东西。乐观不仅可以放松幽默者本人，还可以帮助解救那些深陷困扰的其他人。

没有幽默感的人不会积极地看待这个世界，不会乐观地看待自己的生活。当然乐观不是盲目的，而是有所依附，是一种透彻之后的豁达。乐观地看待你的生活，幽默自然而生。

幽默的学习途径

幽默有时让人感到神秘。有人想学，却无法学会；有人没怎么学，却能够脱口而出。那幽默是不是与生俱来的呢？经过研究发现，幽默是人的独特性情气质，是人的本能。在对一些具有幽默感的人进行研究之后发现，幽默确有某种遗传基因存在。我国著名相声表演艺术大师侯宝林和他的两个儿子，著名喜剧表演艺术家陈强和他的儿子陈佩斯，都可以作为幽默是天赋的证明。虽然有遗传的因素存在，但幽默感并不神秘，它主要还是在后天的社会实践中培养和训练而成的。

幽默的学习，首先从含蓄开始。幽默应该引人发笑，但高级的幽默又最好可以让人回味。幽默是言近旨远。这里还是一个萧伯纳的故事：有一个朋友邀请萧伯纳赴宴，想让萧伯纳给他弹钢琴的女儿美言几句，好借此名扬天下。萧伯纳一到朋友家，女孩就迫不及待地弹了起来。弹了半天，萧伯纳一言不发，女孩只好先开口说话："我没有妨碍到你吧？"萧伯纳若无其事地说："没关系，你弹好了。"萧伯纳的幽默简约含蓄，有弦外之音，非得经过琢磨才好领会他的意思。

幽默要有创意，是形象思维，因而联想和想象是不能没有的。不但要研究幽默名家的作品和来自民间的幽默精品，而且要广泛地了解各种艺术形式，增强自己的艺术敏感，训练自己由此及彼、由表及里地在各个意象间构建想象的能力。

当然法无定规，幽默没有现成的模式可以遵循。我们面对的是变动不息的人群，所以幽默也只能因人因事而异，才能达到效果。

幽默要注意的原则

1. 幽默要表达真诚

友善的幽默能表达人与人之间的真诚友爱，能沟通心灵，拉近人与人之间的距离，填平人与人之间的鸿沟，是希望和他人建立良好关系的不可缺少的东西。特别当一个人要表达内心的不满时，如果能使用幽默的语言，别人听起来会顺耳一些。当一个人需要把别人的态度从否定改变到肯定时，幽默具有很强的说服力。当一个人和他人关系紧张时，即使在一触即发的关键时刻，幽默也可以使彼此从容地摆脱不愉快的窘境或消除矛盾。

有一天，英国著名的文学家萧伯纳在街上行走，被一个骑自行车的冒失鬼撞倒在地，幸好没有受伤，只是虚惊一场。骑车的人急忙扶起他，连连道歉，可是萧伯纳却惋惜地说："你的运气不佳，先生，你如果把我撞死了，你就可以名扬四海了！" 萧伯纳的这一句妙语，把他和肇事者双方从不愉快的、紧张的窘境中解放出来，使这场事故得到了友好的处理。萧伯纳的幽默不仅给对方留下了难忘的印象，又给人以友爱和宽容的印象。

又有一次，萧伯纳的脊椎骨有病，去医院检查。医生对萧伯纳说："有一个办法，从你身上其他部位取下一块骨头来代替那块坏了的脊椎骨。"又说，"这手术很困难，我们从来没有做过。"很明显，医生的意思是这次手术所要收取的费用不同一般。如果萧伯纳与医生争论，或表示不满、失望，将会和医生处于对立的局面。而对立的结果，会给双方带来难堪，也会影响双方的合作和治疗效果。但是，萧伯纳听了医生的介绍后，淡淡地一笑说："好呀！不过请告诉我，你们打算付给我多少手术试验费？"一个很棘手的问题，被萧伯纳处理得极其巧妙，避免了不愉快的争执。

2．幽默要注意场合

幽默被誉为现代人为人处世的重要法宝之一，也是用来衡量一个人的口才乃至智慧的标准。很多人都在想方设法使自己成为一个幽默的人、一个有情趣的人。但是，幽默要注意场合、对象，把握一定的尺度，切不可生搬硬套。最不可取的是无话不幽默，且不分场合，不分对象，弄得大家烦不胜烦，成为茶余饭后的笑料。滥用幽默可能会冲淡你真正的工作成绩，得不偿失。正确的态度是把幽默看作味精——少则有味，多则恶心。

不分场合的幽默，结果只能适得其反。比如，老板开会，正在台上向职员们发表讲话，你却在这个时候突然冒出一两句逗人的话。虽然大家被你的幽默逗乐了，然而老板会认为你是一个不守纪律、缺乏礼貌和修养的人，会在心中留下对你的不良印象。又如，老板和职员欢聚在一起，说些幽默的话逗乐，而你却把这种幽默引向歧途，说了不雅的话，老板当然会认为你是一个不知高低的冒失鬼。

使用幽默一方面要看准对象、看准场合，另一方面还要抓住时机。发挥幽默也需要"素材"，就是特定的场合、情境等，这些就像机遇一样，可遇而不可求，关键在于能否随机应变。如果为了幽默而幽默，就会显得生硬、不合时宜、不伦不类，不但不能成为沟通中的"润滑剂"，反而还可能增加沟通的"摩擦系数"。

幽默时不妨自嘲一下

如果你嘲笑的是自己，试问有谁会大力反对？美国社会学家麦克·斯威尔说："在别人嘲笑你之前，先嘲笑你自己。"你不妨把"自己"当作嘲笑的对象，不但可以消除紧张、焦虑的情绪，更可以提升自我的修养。提到林肯，他在"幽默""自嘲"的技巧方面，恐怕算是旷古第一人。他常常取笑自己，尤其是他的外貌。有一次，他在森林里悠闲地漫步，遇到了一名正在砍柴的妇人。林肯首先打开话匣子："有时候，我觉得自己好像是一个丑陋的人。""你是我所见过的最丑陋的一个，但是，至少你可以做到待在家里不出门啊！"老妇说。"我没有两张脸，如果有的话，我绝对不会用现在这一张！"一个人要承认自己的"缺点"实在不是一件容易的事。要知道，人总是有不完美的地方，坦白承认自己的缺点，就能把"缺点"化为个人独有的特点！

英国作家杰斯塔东是个大胖子，由于"体积"过大，行动往往不太方便。有一次他对朋友说："我是个比别人亲切三倍的男人。每当我在公共汽车上让座时，便足以让三位女士坐下。"这轻松愉快的自嘲表现了杰斯塔东高度的自信。

当处于非常窘迫的境地中时，机智地进行自我褒贬而产生的幽默，是摆脱窘境的好方法，也是展示人格魅力的法宝。同时也能给对方一种轻松感，使沟通气氛变得更加和谐，更有利于沟通活动的顺利进行。著名国画大师张大千一次在宴席上向京剧表演艺术家梅兰芳敬酒时说："梅先生，你是君子——动口，我是小人——动手。"在这里，张大千根据自己的工作特点，自嘲地将自己喻为"小人"，顿时活跃了宴会气氛。

形象的幽默艺术

语言要富有幽默感，必须言之有物，使其形象生动。以实求幽默，幽默有；以虚求幽默，幽默无。语言真实形象生动，能促人联想，产生

"具象"，让人感觉余味无穷。

有一次，孙中山在广东大学（今中山大学）讲民族主义。礼堂非常小，听众很多，天气闷热，很多人都没精打采的。这时，孙中山便穿插了一个故事：那年我在香港读书时，看见许多苦力工人聚在一起谈得很起劲，听的人哈哈大笑。我觉得奇怪，便走上前去。有一个苦力说："后生哥，读书好了，知道我们的事对你没有什么帮助。"又一个告诉我："我们当中一个行家，牢牢记住那马票上面的号码，把它藏在日常用来挑东西的竹杠里。等到开奖，竟真的中了头奖，他欢喜万分，以为领奖后可以买洋房、做生意，这一生再也不用这根挑东西的杠子过生活了，就把竹杠狠狠地扔到大海里。不消说，连那张马票也一起丢了。因为钱没有到手先丢了竹杠，结果是空欢喜一场。"孙中山风趣的话，引来台下一片笑声，那些打瞌睡的人也禁不住跟着笑了起来。孙中山接着归到本题："对于我们大多数人，民族主义就是这根竹杠，千万不能丢啊！"孙中山先生这个充满幽默感的故事不仅让昏昏欲睡的人们清醒了过来，也使得自己的演讲取得了良好的效果。

我们通过分析就可以知道，孙中山的话言之有物，生动形象，使人们通过联想产生了一种"具象"，而且这个"具象"的愿望与结果，又严重背离，从而达到了强烈的幽默效果，人们在笑声中明辨是非，认识了真理：千万不能丢掉民族主义。

制造幽默的常用方式

1. 利用夸张的效果

将事实进行无限制的夸张，造成一种极不协调的喜剧效果，也是产生幽默的有效方法之一。

马克·吐温有一次坐火车到一所大学讲课。因为离讲课的时间已经不多，他十分着急，可是火车却开得很慢，于是幽默家想出了一个发泄怨气的办法。当列车员过来查票时，马克·吐温递给他一张儿童票。这位列车员也挺幽默，故意仔细打量，说："真有意思，看不出您还是个孩子哩。"幽默大师回答："我现在已经不是孩子了，但我买火车票时还是孩子，火车开得实在太慢了。"火车开得很慢确是事实，但也绝不至于慢到让一个人从小孩长成大人。这里便是将缓慢的程度进行了无限制的夸张，产生了特殊的幽默效果，令人捧腹。

有时候为了摆脱无谓的纠缠，故意虚张声势，利用夸张的事实与现状的矛盾而形成幽默，达到预期目的。

有一天，林肯因身体不适，不想接见前来白宫要官的人。但是，一个要官的人却赖在林肯的身边，准备坐下长谈。正好这时，总统的医生走进房里。林肯向他伸出双手，问道："医生，我手上的斑点到底是什么东西？"医生说："我全身都有。"林肯说："我看它们是会传染的，对吗？""不错，非常容易传染。"医生说。那位来客信以为真，马上站了起来，说："好了，我现在不便多留了，林肯先生，我没有事，只是来探望你的。"林肯与医生假戏真做，假称"斑点"非常容易传染，虚张声势，虽不动声色，却把那位要官的人吓跑了。这种夸张幽默使林肯摆脱了纠缠。

2. 巧用双关语

"一语双关"可谓是幽默最厉害的招式之一，它又不只是"幽默"而已，同时还隐含了"智慧"的成分。"一语双关"恰如其分，活脱脱地表达出对人及事的看法，除了使人们"不禁莞尔"或"哈哈大笑"以外，更是"机智人生"的呈现。

所谓双关，也就是你说出的话包含了两层含义：一是这句话本身的含义；另一个是引申的含义，幽默就从这里产生出来。也可说是言在此意在彼，让听者不只从字面上去理解，还能领会言外之意。

有一则寓言说，猴子死了去见阎王，要求下辈子做人。阎王说，你既要做人，就得把全身的毛拔掉。说完就叫小鬼来拔毛。谁知只拔了一根毛，这猴子就哇哇叫痛。阎王笑着说："你一毛不拔，怎么做人？"这则寓言表面上是在讲猴子的故事，却很幽默地表达了"一毛不拔，不配做人"的道理，虽然讽刺性很强，却也委婉、含蓄。

利用字的谐音来制造双关的效果，会显得很有幽默感。传说李鸿章有一个远房亲戚，胸无点墨却热衷科举，一心想借李鸿章的关系捞个一官半职。他在考场上打开试卷，竟无法下笔。眼看要交卷了，便"灵机一动"，在试卷上写下"我乃李鸿章中堂大人的亲妻（戚）"，指望能获主考官录取。主考官批阅这份考卷时，发现他竟将"戚"错写成"妻"，不禁拈须微笑，提笔在卷上批道："所以我不敢娶你。""娶"与"取"同音，主考官针对他的错字，来了个双关的"错批"，既有很强的讽刺意味，又极富情趣。

3. 进行有意的曲解

所谓曲解，就是对对象进行"歪曲""荒诞"地进行解释，以一种轻松、调侃的态度，将两个表面上毫不沾边的东西联系起来，造成一种不和谐、不合情理、出人意料的效果，从而产生幽默感。有意违反常规、常理、常识，利用语法手段，打破词语的约定俗成，临时给它以新的解释，甚至对问题进行歪曲性解释，把毫不相关的事捏在一起"拉郎配"，从而造成因果关系的错位或逻辑矛盾，得到出人意料的结果，形成幽默感。

有意曲解还包括偷换概念。将对方谈话中使用的概念借用过来，并赋予新的内容，也会产生幽默的效果。如一位妻子瞪着丈夫说："我一见你就来气。"丈夫却慢条斯理地回答："好啊，我练了一年气功还没气感，原来是你把我身上的气都吸到你身上去了。"这位丈夫巧妙地将生气的"气"偷换成气功的"气"，逗得妻子一乐，她的"气"也就在笑声中消了。

偷换概念的另一种方法是"以偏概全"。对于范围过宽或比较抽象的问题，只用其中的一个方面进行说明，既有利于回答难以回答的问题，又体现了幽默感。

有一次，一名新闻记者问萧伯纳："请问乐观主义者和悲观主义者的区别何在？"这是一个范围很大且很抽象的问题。如果要从理论上给出一个准确的回答，恐怕得费好大劲也不一定能令对方满意。于是萧伯纳说："假如这里有一瓶只剩下一半的酒，看到这瓶酒的人如果高喊：'太好了，还有一半！'这就是乐观主义者；如果悲叹：'糟糕，只剩下一半了。'那就是悲观主义者。"在这里，萧伯纳巧妙地使用"以偏概全"的方法，选择了一个生动的事例，化大为小，回答得轻松自如，不仅颇有幽默感而且令人回味无穷。

4. 正话反说

有一则宣传戒烟的公益广告，上面完全没提到吸烟的害处，相反却列举了吸烟的四大好处：一省布料：因为吸烟的人易患肺痨，导致驼背，身体萎缩，所以做衣服就不用那么多布料；二可防贼：抽烟的人常患气管炎，通宵咳嗽不止，贼以为主人未睡，便不敢行窃；三可防蚊：浓烈的烟雾熏得蚊子受不了，只得远远地避开；四永葆青春：不等年老便可去世。

这里说的吸烟的四大好处，实际上是吸烟的害处，却很幽默，让人们从笑声中悟出其真正要说明的道理，即吸烟危害健康。

这就是所谓的正话反说，说出来的话，所表达的意思与字面意思完全相反。如字面上肯定，而意义上否定；或字面上否定，而意义上肯定。这也是产生幽默感的有效方法之一。

秦朝有个很有名的幽默人物优旃。有一次，秦始皇要大肆扩建御园，多养珍禽异兽，以供自己围猎享乐。这是一件劳民伤财的事，但大臣们谁也不敢冒死阻止秦始皇。这时优旃挺身而出，他对秦始皇说："好，这个主意很好，多养珍禽异兽，敌人就不敢来了，即使敌人从东方来了，下令麋鹿用角把他们顶回去就足够了。"秦始皇听了不禁破颜而笑，并破例收回了成命。

优旃之所以能成功地劝服秦始皇，主要是使用了幽默的力量。他的话表面上是赞同皇上的主意，而实际意思则是说如果按皇上的主意办事，国力就会空虚，敌人就会趁机进攻，而麋鹿是没有能力用角把他们顶回去的。这样的正话反说，字面上赞同了秦始皇，也足以保全自己；而真正的含义，又促使秦始皇在笑声中醒悟，从而达到了他的说服目的。

5. 出其不意

说出别人想不到的语言，表达别人想不到的含义，这是幽默的宗旨，即所谓的标新立异、出奇制胜，这样往往会使你的语言具有特殊的说服力，达到更好的沟通效果。

一个顾客在酒店喝酒，他喝完第二杯后，转身问老板："你一星期能卖多少桶啤酒？""35桶。"老板得意洋洋地回答说。"那么，"顾客说，"我倒想出一个能使你每星期卖掉70桶啤酒的方法。"老板很惊讶，忙问："什么方法？""这很简单，只要你将每个杯子里的啤酒装满就行了。"这位顾客的本意是指责老板卖的啤酒只有半杯，但他利用老板唯利是图的心理，巧妙地设下一个圈套，让老板不知不觉地钻进去，然后出其不意地指责老板的行为。

事实上，所有的幽默都是以"出其不意"而制胜。否则，就会显得平淡无奇，达不到效果。尽管它多用于揭露弊端、讽刺卑俗与愚蠢，但绝不是锋芒毕露，相反，它总是委婉地指出人们的缺点，让人们在笑声里看到自己或他人的丑行或影子，从而顿悟、悔改。在一家餐馆里，一位顾客正把饭中的沙子一粒一粒地拣出来摆放在桌子上。服务员见了不好意思地说："净是沙子吧？"顾客笑笑，摇摇头说："不，还有米饭。"这位顾客没有直接批评饭的质量，他抓住服务员说的"净是沙子"做文章，便说"还有米饭"，通过否定的形式来肯定米饭中有很多沙子，就显得非常委婉，这样既表达了自己对米饭中沙子过多的不满，又不至于引起对方的反感。

6. 进行巧妙的解释

美国总统林肯年少在学校读书时聪慧过人，有一次老师想难住他，便问："我想考考你。你是愿意回答一道难题呢？还是两道容易的题目？""回答一道难题。""好吧，那么你说，蛋是怎么来的？""鸡生的。"林肯答道。"鸡又是哪里来的呢？""老师，这是第二个问题了。"林肯说。老师想把林肯引入"鸡生蛋，蛋生鸡"这个纠缠不清的问题中，但林肯却以巧妙的说法避开了。

英国著名女作家阿加莎·克里斯蒂同比她小13岁的考古学家马克斯·马温洛结婚后，有人问她为什么要嫁给一个考古学家，她幽默地说："对于任何女人来说，考古学家是最好的丈夫，因为妻子越老他就越爱她。"这一巧妙的解释，既体现了克里斯蒂的幽默感，又说明了他们夫妻关系的和谐。

有一位读书人当了新郎仍然保持读书到深夜的习惯，妻子满腹怨气。一天她对丈夫说："但愿我也能变成一本书。"丈夫疑惑不解："为什么？""那样你就整日整夜把我捧在手上了。"丈夫顿时明白了妻子的用意，打趣说："那可不妙，要知道，我每看完一本书，都要换新的……"这位丈夫的巧妙解释，不仅表达了他对书的爱好，更表达了他忠于妻子的感情。

上面这三则充满幽默感的故事很好地说明了巧妙的解释能产生很强的幽默感，即对原意加以巧妙的解释而造成幽默效果。

7. 使用模仿语言

模仿现存的词、句及语气等而创造新的语言，是幽默方式中很常见的一种，往往借助于某种违背正常逻辑的想象和联想，把原来的语言要素用于新的语言环境中，造成幽默感。

一位女教师在课堂上提问："'要么给我自由，要么让我去死'这句话是谁说的？"过了一会儿，有人用不熟练的英语答道："1775年巴特利克·亨利说的。""对。同学们，刚才回答问题的是日本学生，你们生长在美国却回答不出来，而来自遥远的日本的学生却能回答，多么可怜啊！""把日本人干掉！"教室里传来一声怪叫。女教师气得满脸通红，问："谁？这是谁说的？"沉默了一会儿，有人答道："1945年，杜鲁门总统说的。"这位同学模仿老师的提问做了回答，从而产生了幽默效果。

一位军官的朋友向他打听某个军事秘密。他不想严词拒绝而使对方难堪，又不能因私废公。于是他故作神秘地问道："你能保守秘密吗？""能！"对方答道。"那么，我也能。"军官说。这位军官就是模仿了对方回答的方式和语气，从而摆脱了窘境，既保守了军事机密，又维护了朋友之间的感情。

使用模仿语言还可以直接借用原文。比如，一位导游带一个旅游团游黄山，于凌晨五时前往狮子峰观日出。可是刚到半山腰就听到有人声。来到山顶，发现狭小的山顶上"有利地形"全部被占据，于是她笑着说："这真是'莫道君行早，更有早行人'啊！"导游借用的是一句完整的诗，但它所表现的意境却完全不同，它包含了导游对"有利地形被占据"的无奈。于是游客在她幽默的感染下，也减弱了一些失望。

幽默要紧贴生活

幽默可以使愁眉苦脸者笑逐颜开，也可以使泪水盈眶者破涕为笑；可以为懒惰者带来活力，也可以为勤奋者驱散疲惫；可以为孤僻者增添情趣，也可以使欢乐者更愉悦。

生活中没有一个人不喜欢风趣幽默的语言。在中国的传统文艺晚会上，相声小品之所以一直成为最受欢迎的节目之一，就在于它的表现形式离不开幽默，那幽默的语言强烈地感染着观众的心，幽默的话能抓住听者的心，使对方平心静气，也可以使一些深刻的思想表达得更加生动和形象。

汉武帝晚年很希望自己能长生不老。一天他与一个侍臣闲聊："相书上说，一个人鼻子下面的'人中'越长，寿命就越长；'人中'长一寸，能活一百岁。不知是真是假？"

东方朔听了这话，知道皇上又在做长生不老之梦，脸上露出一丝讥讽的笑意。皇上见东方朔似有讥讽之意，喝道："你居然敢笑话我？"

东方朔毕恭毕敬地回答："我怎么敢笑话皇上呢？我是在笑彭祖的脸太难看了。"

汉武帝问："你为什么笑彭祖呢？"

东方朔说："据说彭祖活了八百岁，如果真像皇上所说，'人中'长一寸就活一百岁，彭祖的'人中'就该有八寸长了，那么，他的脸岂不是太难看了吗？"

汉武帝听了，不禁哈哈大笑起来。

在这个故事里，东方朔以幽默的语言，用笑彭祖的办法来劝皇帝。整个批驳机智含蓄，风趣诙谐，令怒不可遏的皇帝转怒为喜，并且愉快地接受。

这个小故事形象地说明了幽默的本质。由此，我们可以看出幽默具有一种特性，一种引发喜悦、以愉快的方式娱人的特性；幽默感是一种能力，一种了解并表达幽默的能力；幽默是一种艺术，一种运用幽默和幽默感来增进你与他人的关系，并可对自己做真诚的评价的一种艺术。

有一次，美国329家大公司的行政主管人员，参加了一项幽默意见调查。结果表明：97％的企业主管相信，幽默在企业界具有相当的价值；60％的企业主管相信，幽默感决定着人的事业成功的程度。由此可见，幽默对于现代人的重要。

现代人需要幽默语言，如同鱼需要水、树木需要阳光，生活需要盐一样。具有幽默感和幽默力量，是现代人应具备的素质之一。

获取幽默语言的途径很多。首先用"趣味思维方式"捕捉生活中的喜剧因素。"趣味思维"是一种"错位思维"，不按照普通人的思路想，而是"岔"到有趣的一面去。其次要在瞬息构思上下功夫，掌握必要技巧。幽默风趣是一种"快语艺术"，它突破惯性思维，遵循反常原则，想得快，说得快，触景即发，涉事成趣，出人意料之外，又在情理之中。

如有位将军问一位战士："马克思是哪国人？"战士想了一会儿说："法国人。"将军说："哦，马克思搬家了。"对于这常识性问题都答不出，将军当然不快，但这一"岔"，构成了幽默，其实也包含了对战士的批评教育。

再次要注意灵活运用修辞手法。极度的夸张、反常的妙喻、顺拈的借代、含蓄的反语，以及对比、拟人、移就、拈连、对偶等都能构成幽默。

最后要注意收集素材。我们的生活丰富多彩，提供了许多有趣的素材，这些素材无意识地进入我们记忆仓库的也很多，我们如果做个"有心人"，就会使自己的语言材料丰富起来。

让棘手变轻松

人人都知道幽默的好处，但是幽默不只是让你的人生变得轻松，更重要的是，它可以改变你看世界的视角！

盖瑞是一个非常幽默的警官，不管遇到什么重大案件，他总能一笑置之，使问题迎刃而解。

就拿某天下午来说吧，有三位女士为了一点小事发生了争执，三个人大吵大闹地来到警察局，你一言，我一语，几乎把警察局的屋顶掀了开来，女人的话匣子一打开，连局长都没有插嘴的份儿。这时，盖瑞淡淡地说了一句话："请你们当中年纪最大的那一位先说吧！"话才刚说完，房间里顿时鸦雀无声。

盖瑞的聪明才智不仅如此，他还曾经运用幽默顺利救下了一名企图跳楼的男子。当时情况十分紧急，男子站在52层楼高的窗台，随时都有可能跳下去。楼下挤满了围观的人，警察、医生和记者全数到齐。依照往例，那名想要自杀的男人大声地喊叫着："别过来！谁要再走近一步，我就跳下去！"

只有盖瑞带了一名医生走上前去，他只说了一句话，那男子便默默地走下楼了。盖瑞说："我不是来劝你的，是这位医生要我来问问你。你死后愿不愿意把尸体捐给医院？"

盖瑞的幽默感使他往往能够在极细微的事情中搜寻到破案的关键。在一次执勤的时候，盖瑞竟然轻而易举地抓住了一个男扮女装的通缉犯，警长问他："罪犯伪装得这么完美，你怎么会发现他是男儿身呢？"

"因为他没有女人的习惯。"盖瑞笑着回答说，"我看他经过服装店、食品店和美容院的时候，连看都没有看一眼，我就知道，这个人绝对不是正常的女人。"

又有一次，盖瑞无意中看到两个年轻的神父骑着一辆自行车在一条小路上飞驰，身为神职人员怎么可以不遵守交通规则呢？盖瑞急忙下车将他们拦住，问道："你们不觉得这样骑车是很危险的吗？"

神父们理直气壮地说："没关系，天主与我们同在。"

盖瑞听了，笑着说："这样的话，我不应该开你们超速的罚单，而应该罚你们八十块美金，因为法律规定，三个人是不能同骑一辆自行车的。"

幽默使人冷静，冷静使人充满机智。一个星期六下午，几个左派分子正在闹市区的十字路口演说："现今的政治烂透了，我们应该放把火，把众议院和参议院统统烧了！"

激烈的言论尚且不构成任何妨碍，但是却引来越来越多的行人，把路口堵了个水泄不通，严重影响了交通。

当警察赶到时，市内的交通已经瘫痪得一塌糊涂，只见盖瑞大叫一声："现在开始，同意烧参议院的站到左边，同意烧众议院的站到右边。"

"哗"的一声，人群顿时分成左右两边，中间的道路豁然开朗。

有个弄臣犯了错，皇帝把他推下御花园的水池，再幸灾乐祸地把他拉上来问："怎么样？你在水里有没有见到屈原啊？如果没见到，就再把你推下去！"

"臣见到屈原了！"弄臣一本正经地回答。

皇帝笑了起来，继续问："屈原跟你说了些什么吗？"

"是说了些什么，"弄臣恭敬地说，"屈大人说他没遇上好主子，所以才投了水，我有这么英明的主子，为什么也要投水？"

又是马屁又是求饶，皇帝乐歪了，马上饶了这名弄臣。

　　越是棘手的事情，越是需要幽默。幽默不只是娱乐自己，同时也是娱乐别人，只要人们都可以笑得出来，还会有什么解决不了的大事呢？

　　幽默是一种魅力，也是一种人格力量。幽默所包含的特性是逗人快乐，所包含的能力是感受和表现有趣的人和事，制造愉悦的气氛。对于个人而言，懂得幽默的人往往比不懂幽默的人更具有吸引力和凝聚力。

　　在人际交往中，幽默是心灵与心灵之间快乐的天使，拥有幽默就拥有爱和友谊，凡具有幽默感的人，所到之处，皆是一片欢乐和融洽的气氛。在无法避免的冲突中，幽默感不强的人就面临考验，是拍案而起、横眉怒目，还是明哲保身？幽默家的高明在于即使到了针锋相对之时，也不像普通人那样让心灵被怒火烧得扭曲起来，而是仍然保持相当的平静。在对方已感到别无选择时，幽默家仍然有多种多样的选择。

　　一个秃头者，当别人称他"理发不用花钱，洗头不用洗发水"时，他当场变了脸，使一个原本比较轻松的环境变得紧张起来。一位演讲的教授，也是一个秃头，他在自我介绍时说："一位朋友称我聪明透顶，我含笑地回答：'你小看我了，我早就聪明绝顶了。'"然后他指了指自己的头说，"我今天演讲的题目是外表美是心灵美的反映。"教授就这样开始了自己的演讲，整个会场充满了活跃的气氛。同样是秃头，同样容易受到别人的揶揄和嘲谑，为什么不同的人得到的却是别人不同的认可呢？其间的缘故就是没有幽默感。

　　幽默家兼钢琴家波奇，有一次在美国密歇根州的福林特城演奏，发现听众不到大半，他当然很失望也很难堪，但是他走向舞台时却说："福林特这个城市一定很有钱，我看到你们每个人都买了两三个座位的票。"于是整个大厅里充满了欢笑，波奇也以寥寥数语化解了尴尬的场面。

　　由此可见，幽默不仅可以反映出一个人随和的个性，还显示了一个人的聪明、智慧以及随机应变的能力。但需要注意的是，幽默既不是毫无意义的插科打诨，也不是没有分寸的卖关子、耍嘴皮。幽默要在入情入理之中，引人发笑，给人启迪，这需要一定的素质和修养。

生活中运用幽默，可缓解矛盾，调节情绪，促使心理处于相对平衡的状态。著名的喜剧大师卓别林曾说："通过幽默，我们在貌似正常的现象中看不出不正常的现象，在貌似重要的事物中看不出不重要的事物。"

可见，一个社会不能没有幽默。有人形象地说："没有幽默感的语言是一篇公文，没有幽默感的人是一座雕像，没有幽默感的家庭是一间旅店，而没有幽默感的社会是不可想象的。"人们给保加利亚的卡尔洛沃城冠以"笑城"的美称，卡城被称为是讽刺与幽默之乡，这个城的人在言谈中常有幽默、谐趣之语，因而性格开朗乐观，成了卡城居民的普遍品格。

Part13 以理服人：言之有理让人口服心服

　　在生活与工作中，人们不可能具有同样的想法。在推广新战略，引入新方法、新技术的工作空间中，种种不一致演变为激烈的辩论或冲突是在所难免的，我们不可能"天天碰到笑脸"，故而也不可能"天天都是好心情"。

说服他人要遵循的原则

说服是人际影响的一种形式，它表现为说服者通过谈话让被说服对象理解并接受自己的观点。我们在和别人交往，尤其是和陌生人交往时，会有某些要达到的目的，而这些目的或多或少都需要对方接受自己，相信自己。因此，说服的艺术是交往中不可缺少的。

第一个原则是动之以情。顺利地接近被说服者，使其产生愿意听从说服的感情，是成功改变他人态度的基础。人是理智的动物，却常常做出缺乏理智的行为。从某种意义上说，人的行为是受外界的思想或建议影响的。比如，在日常生活中，人们会不假思索地就把某种品牌列为最佳品牌，这就是因为受到了外界因素的影响。这就告诉我们要说服他人，就要动之以情，晓之以理。

要关心他人。人们都有被尊重和被爱的需要，每个人都希望得到他人的尊重和爱护。人们受到了关心，就会产生感恩之情，就容易听得进去意见和建议。说服不是压制，心理学上有"对抗理论"，人们都喜欢自由地支配自己的活动，而不愿意听他人的指挥，让人摆布。强迫某人做某事，就会让对方感到自主权受到了伤害，而唤起其对立的情绪。鉴于这种心理的存在，在说服他人的时候，要尽量用商量的语气，以维护对方的自尊，这样也有利于取得好的说服效果。

此外，我们在和人交谈中，巧妙地运用语言造成某种特定的情感环境，也有助于说服他人。

第二个原则是消除他人的戒备心理。在与陌生人打交道的时候，双方都会存在一定的戒备心理，这种心理状态会影响双方自如地交往。所以，消除戒备状态、让人放松是首先要解决的问题。当交往对象持有顽固的见解时，直来直去地阐述自己的观点往往会碰壁，遇到这种情况最好采取"迂回战术"。

所谓的迂回战术就是把对方的注意力从他敏感的问题上引开，绕个弯子，再回到正题上来。这样可以消除对方的戒心，避免陷入僵局。

卡耐基曾经告诫人们："与人交谈，要让对方接受自己的观点，不要先讨论双方不一致的问题，而要先强调，并且反复强调你们一致的事情。让对方一开始就说'是'、'对的'，而不要让对方一开始就说'不'。"

心理学研究发现，当人们说出"不"字的时候，他的整个肌体，包括肉体和精神，都处于一种明显的收缩状态，这种状态往往会使他拒绝任何人的意见。同时，当"不"字说出来以后，人们就不愿意再悔改。哪怕他明显地意识到自己出现了错误，也会找出种种理由为自己辩解，甚至会贬损对方的观点，这就是某种自尊心作祟。

明白了这个道理，在说服对方的时候就尽量不要让对方把"不"字说出来，或让他暂时忘记自己的观点。要尽可能地让对方说"是"，这时候他是放松的，比较容易接受他人的意见，至少不会轻易地反对，而会先权衡。而且一旦"是"字说出口，他也不会再轻易地否定了。所以要利用这种心理学效应让对方接受你的意见。

第三个原则是要有严谨的逻辑性。说服是说服，而不是压服，总需要摆事实、讲道理来进行论证。而论证是否有力，在很大程度上取决于话语的逻辑性。严谨有力的逻辑通常让对方无力辩驳，甚至能够起到对方自我说服的作用。

古希腊哲学家苏格拉底常常采用逻辑上的归谬法让他的学生认识到原来观点的错误。他提出一些问题让学生谈自己的观点，并不断地补充问题，诱导学生由错误的前提逐渐推出荒谬的结论，然后引导学生按照正确的逻辑思维，一步步通向自己的观点。这种方法引起了社会心理学家的兴趣，并在此基础上逐渐形成了一种说服技巧——逻辑诱导法。

这种方法就是在说服之前，先明确要改变对方什么态度，然后找一些和这种态度相背而对方又不得不承认的事实来发问，使对方处于两难推理中，要么否定自己原来的观点，要么否定自己眼前的事实。既然事实是无法否定的，就只能改变自己原来的观点了。这样，逻辑诱导就达到了说服的目的。

说服要寻找最佳突破点

"说服"是生活中常见的一种现象，人生在世，经历不一，性格不一，学识不一，专业不一，与之相对应的心态、兴趣、做事、为人，当然也不一样。

"一千个读者心中有一千个哈姆雷特。"一方面说明莎氏戏剧中哈姆雷特这个艺术形象的复杂性，另一方面也说明人和人之间的巨大差别。因此，说服自古以来都在人们相互间的交往中扮演着重要的角色。孔子周游列国说之以礼，苏秦与张仪连横合纵于七国之间，留下了许多千古佳话。

时代进入21世纪，说服更成为我们建立和谐人际关系的关键。说服是一门艺术，更是一个人综合素质的具体体现，比如，一些权威言论或经实践证明的真知灼见，人们自然不说自服，而在日常生活中要想因某事而说服某人，就必须掌握一些说服的技巧和法则，以提高说服的效率。俗话说，"知己知彼，百战百胜"，要想在最短的时间内找到说服别人的最佳突破点，可以试着从以下几种方法着手：

1.了解对方的性格。不同性格的人，接受他人意见的方式和敏感程度是不一样的。如：是性格急躁的人，还是性格稳重的人；是自负又胸无点墨的人，还是有真才实学又很谦虚的人。了解了对方的性格，就可以按照他的性格特征，有针对性地说服他了。

2.了解对方的长处。一个人的长处就是他最熟悉、最了解、最易理解的领域。如有人对部队生活比较熟悉，有人对农村生活比较熟悉，有人擅长文艺，有人擅长体育，有人擅长交际，有人擅长计算等。

在说服人的时候，要从对方的长处入手。第一，能和他谈到一起去；第二，在他所擅长的领域里，谈论起来他容易理解，因此容易说服他；第三，能将他的长处作为说服他的一个有利条件，如一个伶牙俐齿、善于交际的人，在分配他做推销工作时可以说："你在这方面比别人具有难得的才能，这是发挥你潜在能力的一个最好机会。"这样谈既有理有据，又能表现领导者对他的信任，还能引起他对新工作的兴趣。

3.了解对方的兴趣。有人喜欢绘画，有人喜欢音乐，有人喜欢读书，还有人喜欢下棋、养鸟、集邮、书法、写作等，人人都喜欢从事和谈论其最感兴趣的事物。从这里入手，打开他的"话匣子"，再对他进行说服，便较容易达到说服的目的。

4.了解对方的想法。一个人坚持一种想法，绝不是偶然的，他必定有自己的理由，而且他讲的道理一般都符合他自己的利益或人之常情。但这有时不是他想要坚持的，只是不愿承认，难以启齿。如果说服者能真正了解他的"苦衷"，就能有针对性地进行突破。

5.了解对方的情绪。一般来说，影响对方情绪的因素有以下方面：一是谈话前对方因其他事所造成的情绪仍在起作用；二是谈话当时对方的注意力还未集中起来；三是对说服者的看法和态度。因此，说服者在开始说服之前，要设法了解他当时的思想动态和情绪，这对说服的成败，是一个至关重要的环节。

凡此种种，你都要悉心研究，才能够有针对性地采取有效的说服方式。另外，了解对方是有许多学问的。许多人不能说服别人，就是因为他们不仔细研究对方，不研究该用怎样的表达方式，就急忙下结论，还以为"一眼看穿了别人"。这就像那些粗心的医生，对病人病情不了解就开了药方，当然不会有好的效果。

说服他人的三种要素

一般来说要想说服别人，说服者还应当从下面三个方面入手：

1.贵在坚持

日本理研光学公司董事长市村清先生，想说服W先生购买新发明的阳画感光纸，但他听说W先生对这类新技术、新发明一向不感兴趣。

市村清先生细心观察，讲话很有礼貌，向他解说蓝色晒图应如何改变阳画感光纸，一次、两次……六次、七次，一再拜访。有一天，W先生不耐烦了，破口大骂："我说不行就是不行，要讲几次你才了解，以后不要再与我们的制图师接触了。"

他生气了，证明他已经开始在意你的行为了，这是有希望的事情。既然已经生气，让他情绪稳定下来就太可惜了。如此，市村清先生第二日清晨又去了。

"昨天跟你讲过，怎么你又来啦？"

"喔，昨天很难得挨骂，所以我又来了。"市村清先生微笑着回答，"打扰你了，再见！"W先生一下子呆住了，而市村清先生认为已经有了反应，达到了一定效果，所以暂时以退为进。

第三天一早他又去了，"早安！"四目相接触，W先生终于被市村清先生说服了。

2.让事实说话

当一种观念进入心底很长时间时，有时外人用话语的确难以改变它。此时，可用事实这种最有力的武器来说服他。

1961年6月10日，周总理接见溥杰的夫人嵯峨浩时，了解到嵯峨浩的顾虑。嵯峨浩刚到中国，因为自己是日本人，又是伪满皇帝的弟媳，担心受到歧视。为了打消嵯峨浩的顾虑，周总理请三个人作陪，一位是老舍的夫人，一位是京剧名旦程砚秋的夫人，另一位是照顾总理夫妇的护士。为什么请这三人？因为她们都是满族人。总理先介绍三位陪客，然后讲了我们党的政策，讲中国各族人民都有平等的地位，不会受到歧视。如果没有三位满族人在场以事实作证，嵯峨浩未必会相信总理，未必会去除偏见，打消顾虑。

改变一个人对一件事的偏见，就要找到与他观念相悖的事实，自然而然地引进这个事实，并在时机成熟时阐述它、发挥它，使之真正成为你的有力论据。若要改变一个人对另一个人的偏见常常要难得多，但用同样的方法也可以做到，只不过需要更长的时间，更多的坚持，也要积累更多的事实。让事实说话，让说话的声音更有力。

3.活用数据

我们生活在数字的世界里，每天所见、所闻与所思的一切，几乎没有不涉及数字的。因此，我们也许对数字或多或少地产生了麻木或厌烦的感觉。其实，这样的感觉是很自然的，因为数字只是代表事实的一种符号，而非事实本身。在说服他人时运用数字，要留意下面两个要领。

（1）除非必要，否则不要随便提出数字。你抛出的数字过多，不但会令对方感到烦闷而关闭心扉，而且也会令听众觉得你没人情味，因为你所关心的只是冷漠的数字。

（2）要设法为枯燥的数字注入生命，这即是说，要让数字所代表的事实，能成为一般人生活经验中的一部分。只有这样，人们对数字才感到亲切，也才能产生兴趣。举例来说，下面的第一种数字陈述方式若能改为第二种陈述方式则其影响力将显著加大。

A："假如各位接纳我的提议，则公司每个月至少能节省67453750元的开支。"

B："假如各位接纳我的提议，则公司每个月至少能节省67453750元的开支；从另一个角度来说，倘若这项节省下来的开支，能以加薪的方式平均分配给公司的每一位成员，则每一个人每一个月的工资将增加3500元！"

五种常用的技巧

了解了说服的重要性和说服要遵循的一些基本原则，下面我们介绍几种常用来说服他人的方法。

1. 善于抓住有利的时机

一个人的心理状况是客观现实在头脑中的反映，外界的刺激会引起人的心理变化，导致人的心理波动。

这时人们往往情绪反应强烈，感到不安，特别是年轻人情感更为动荡，极易冲动，情感有余，而理智不足，一旦情感的潮水漫过理智的堤坝，就会在激情的驱使下采取过火行为，事后则追悔莫及。如果抓住情绪已产生强烈波动，但还未导致不正常行为的时刻予以说服，加以引导，陈明利害得失，对方就会受到震动，恢复理智，幡然醒悟。而如果过早地进行说服，会被对方认为神经过敏或无中生有；如果事过境迁，再去说服教育，易被对方看成"事后诸葛"或"马后炮"。这些都不能收到好的效果。要抓住最佳时机，就要善于在人的思想、情绪容易发生变化或可能出现问题的关口及时进行说服教育。

一般来说，当人们面临工作调动、毕业分配、家庭事件、婚恋受挫、提职加薪、意外事故、住房分配、子女就业等情况时，极容易产生思想波动和不安情绪，这也正是进行说服的好时机。个别说服的时机是否恰当，可以通过观察对方的情绪表现进行判断。如果对方心平气和，或者表现出情绪超乎平静的迹象，这往往是说服的好时机。如果发现对方表现出反感和对立情绪，我们除应检查谈话方式、方法或自己的观点、态度是否正确外，还应考虑谈话的时机是否成熟，好及时终止谈话，以免造成不利的后果。

这时，我们应积极观察，耐心等待；或者采取恰当措施，创造有利的时机，使说服一举奏效。实际上，我们所强调的最佳时机，并没有具体标准，也并不限于上面事例中所展示的模式，而全靠我们在具体情况下从说服目的出发，针对对方的思想状态和心理特点，自己揣摩和把握。只要我们用心去观察，准确地预测和果断、灵活地掌握说服的技巧，我们的说服工作就会像杜甫诗句中"知时节"的"好雨"那样，"当春乃发生"，恰到好处地滋润人们的心田。

2. 步步为营，稳中求胜

有一天，卡耐基突然同时接到两家研习机构的演讲邀请函，一时之间，他无法决定接受哪家的邀请。但在分别与两位负责人洽谈过后，他选择了后者。

在电话中，第一家机构的邀请者是这样说的：

"请卡耐基先生不吝赐教，为本公司传授说话的技巧给中小企业管理者。由于我不太清楚您所讲演的内容，就请您自行斟酌吧。人数估计不超过一百人……万事拜托了。"

卡耐基认为，这位邀请者说话时平淡无力，缺乏热忱。给人的感觉是一副为工作而工作的态度，让人感受不到丝毫的热情，也给他留下了相当不好的印象。

此外，对方既没明确地提示卡耐基应该做什么、要做到什么程度，也没有清楚交代听讲的人数，让他如何决定演讲的内容呢？对此，卡耐基自然没有什么好感。

而另一家机构的邀请者则是这样说的：

"恳请卡耐基先生不吝赐教，传授一些增强中小企业管理者说话技巧的诀窍。与会的对象都是拥有五十名左右员工的企业管理者，预定听讲人数为七十人。因为深深体悟到心意相通的时代离我们越来越远，部属看上司脸色办事的传统陋习早已行不通。因此，此次恳请先生莅临演讲的主要目的，是希望让所有与会研习者明白，不用语言清楚地表达出自己想法的人，就无法成为优秀的管理人才。希望演说时间控制在两个钟头左右，内容锁定在：学习说话技巧的必要性、掌握说话技巧的好处、说话技巧的学习方法这三方面，希望能带给大家一次别开生面的演讲。万事拜托了！"

卡耐基明显感觉到这家机构的邀请者明快干练、信心十足，完全将他的热情毫无保留地传达给了自己。更重要的是，对方在他还没有提出问题的情况下，就解答了所有的疑问。因此，在卡耐基的脑海里立刻浮现出自己置身讲台的情景，并很快就能够想象出参加者的表情以及自己该讲述的内容等。显然，这种邀请方式很能带给受邀者好感。

说服别人是需要一定技巧的，其中最重要的是依循一定的步骤。像行军打仗一样，步步为营，才能稳中求胜，也易形成排山倒海的气势。

（1）吸引对方的注意和兴趣

为了让对方同意自己的观点，务必要吸引劝说对方将注意力集中到自己设定的话题上。利用"这样的事，你觉得怎样？这对你来说，是绝对有用的……"之类的话转移他的注意力，让他愿意并且有兴趣往下听。

（2）明确表达自己的思想

明白、清楚的表达能力是成功说服的首要要素。对方能否轻轻松松倾听你的想法与计划，取决于你如何巧妙地运用你的语言技巧。

准确、具体地说明你所想表达的话题。比如，"如此一来不是就大有改善了吗？"之类的话，更进一步深入话题，好让对方能够充分理解。为了让你的描述更加生动，少不了要引用一些比喻、实例来加深听者的印象。适当引用比喻和实例能使人产生具体的印象；能让抽象晦涩的道理变得简单易懂；甚至使你的主题变成更明确或为人熟知的事物。如此一来，就能够顺利地让对方在脑海里产生鲜明的印象。说话速度的快慢、声音的大小、语调的高低、停顿的长短、口齿的清晰度等都不能忽视。

除了语言外，你同时也必须以适当的表情、肢体语言来辅助。

（3）动之以情

说服前只有准确地揣摩出对方的心理，才能够打动人心。通过你说服对方的内容，了解对方对此话题究竟是否喜好、是否满足，再顺势动之以情或诱之以利，告诉他"倘若照我说的去做，绝对省时省钱，美观大方，又有销路……"不断刺激他的欲望，直到他跃跃欲试为止。

如他在想什么，他惯用的行为模式为何，现在他想要做什么等。一般而言，人的思维和行动都是由意识控制，即使他人和外界如何地建议或强迫，也不见得能使其改变。因此，要想以口才服人的人，必须意识到说服的主角不是自己而是对方。也就是说，说服的目的，是借对方之力为己服务，而非压倒对方，因此，一定要从感情深处征服对方。

（4）提示具体做法

在前面的准备工作做好之后，就可以告诉对方该如何付诸行动了。你必须让对方明了他应该做什么、做到何种程度最好等。到了这一步，对方往往就会很痛快地按照你说的去做。

3. 采用点滴渗透的方法

有的时候说服别人应当采取点滴渗透的方法，逐步达到说服的目的。

（1）了解对方的想法

要想让对方同意你的意见，第一点就是要设法先了解对方的想法与凭据来源。曾经有一位很优秀的管理者说："假如客户很会说话，那么我就有希望成功地说服对方，因对方已讲了七成话，而我只要说三成话就够了。"事实上，我们大多数人为了要说服对方，就精神十足地拼命说，说完了七成，只留下三成让客户"反驳"。这样如何能顺利圆满地说服对方？因此，应尽量将原来说话的立场改变成听话的角色，去了解对方的想法、意见，以及其想法的来源或凭据，这才是最重要的。

（2）接受对方的想法，同时也让对方接受你

如果对方反对你的新提议，是因为他仍对自己原来的想法保持不舍的态度，且他的看法尚有可取之处，那么此时最好的办法，就是先接受他的想法，站在对方的立场想问题，最好能说出对方想讲的话。为什么要这样做呢？因为当一个人的想法遭到别人一无是处的否定时，极可能为了维持尊严或咽不下这口气，反而变得更倔强地坚持己见，排拒反对者的新建议。若是说服别人沦落到这地步，成功的希望就不大了。

有这样一个例子，某家用电器公司的推销员挨家挨户地推销洗衣

机，当他到一户人家里，看见这户人家的太太正在用洗衣机洗衣服，就忙说："唉呀！这台洗衣机太旧了，用旧洗衣机是很费时间的，太太，该换新的啦……"

结果，不等这位推销员说完，这位太太马上产生反感，驳斥道："你在说什么啊？这台洗衣机很耐用的，到现在都没有故障，新的也不见得好到哪儿去，我才不换新的呢！"

过了几天，又有一名推销员来拜访。他说："这是令人怀念的旧洗衣机，因为很耐用，所以对太太有很大的帮助。"

这位推销员先站在这位太太的立场上说出她心里想说的话，使得这位太太非常高兴。于是她说："是啊，这倒是真的。我家这台洗衣机确实已经用了很久，是太旧了点，我倒想换台新的洗衣机。"于是推销员马上拿出预先准备好的宣传小册子，提供给她作为参考。

这种推销说服技巧，确实大有帮助，因为这位太太已产生购买新洗衣机的决心。至于推销员是否能说服成功，无疑是可以肯定的，只不过是时间长短的问题了。

善于观察与利用对方的微妙心理，是帮助自己提出意见并说服别人的要素。一般来说，被说服者之所以感到忧虑，主要是怕"同意"之后，会不会发生意想不到的后果。如果你能洞悉他们的心理症结，并加以防备，他们还有不答应的理由吗？至于令对方感到不安或忧虑的一些问题，要事先想好解决之法以及说明的方法，一旦对方提出问题，可以马上说明。如果你的准备不够充分，讲话时模棱两可，就会令人感到不安。所以，你应事先预想一个引起对方可能考虑的问题，此外，还应准备充分的资料，给客户提供方便，这是相当重要的。

（3）明确说服的内容

有时，虽然满腹的计划，但在向对方说明时，如果对方无法完全了解其内容，他可能马上加以否定。另外还有一种情形，对方不知我们说什么，却已先采取拒绝的态度，摆出一副不会被说服的模样；或者目光短浅，不愿倾听。如果遇到以上几种情形，一定要耐心地一项项按顺序加以说明。务求对方了解我们的真心实意，这是说服此种人要先解决的问题。对不能完全了解我们说服的内容者，千万不可意气用事，必须把自己新建议中的重要性及其优点，一下打入他的心中，让他确实明白。举一个例子加以说明，假如你说服别人，第一次不被接受时，千万不可意气用事地说"说了也是白说"。

4. 采用先入为主式的诱导

医学告诉我们，只生活在有益于健康条件下的人，虽然有健壮的身体，但对某些疾病却缺乏免疫力。为了避免病菌感染，获得抵抗力，就需要接受某种预防注射。也就是先接受少量的病菌感染，产生抗体，以便再遇到这种病菌时，有足够的力量加以抵抗。这就是在医学上所谓的"接种免疫"。

这种方法同样可以用在劝说上。劝说者不仅希望对方接受自己的观点，同时还希望他不再受相反思想的影响，也常进行这种预防性"注射"。

心理学的研究表明，如果一个人持有某种见解后，从未受过攻击，那么在他的周围就不会建立起任何防御系统。当他突然遇到相反意义的说服性诱导时，会感到很新鲜，易于丧失原来的立场，改变态度顺应新观点。相反，如果这个人的见解预先受过轻微的攻击，就经受了锻炼，在他心里就围绕着这种观点建立起比较强的"防御工事"，从而可以经受更为有力的劝说。这就是"接种效应"。

美国社会心理学家曾做过这样的试验：实验者要使被试验者相信，苏联（现俄罗斯）至少在五年内不会制造出大量的原子弹。一组接受劝说后，没有给予反驳。另外一组接受劝说后，则给予轻微的攻击，就是告诉他们一些相反的观点。过一段时间以后，又对所有的被试验者进行了相反的劝说。结果，第一组被试者只有 2％的人坚持了原来的态度，而第二组被试者则有67％的人成功地坚持了原来的观点。

由此可见，成功的劝说不仅要促使被劝说者形成某种态度，还要能够预先培养他对相反观点的抵抗能力。

5. "得寸进尺"的紧逼策略

说服对方接受一个较小的要求后，再说服他接受一个更大的要求就有了较大的可能性。心理学家把这种逐步接近目标的说服方法叫作"登门槛术"。正像你想进一间房子，又怕遭到主人的拒绝，就先说服主人让你的脚踏上门槛，然后再说服他让你的脚踏进门槛内，达到了这个目的，再说服他让你进屋就不难了。这实际上是个"得寸进尺"的策略。

在现实生活中运用这种技巧是有效的。父母要求爱睡懒觉的孩子早起床，先让他每天早起半个小时就很容易做到，待他养成习惯以后，要求他再提前半个小时。而如果一下子让他提早一个小时就比较困难。这实际上是一种循序渐进的劝说方法。

有时候相反的技巧也会起到作用，就是首先提出一个大的要求，接着再提出一个较小的要求。这与直接提出较小的要求相比，被接受的可能性会大大增加。这种方法对于那些小商贩来说是常使用的。我们都有这样的经验，卖主先是漫天要价，再讨价还价，当他降低价格的时候，人们以为他退却了，便接受了这个价格。而实际上他仍然按照自己的意图进行了交易，却让双方都得到了满意。

"登门槛术"和其相反的技术起作用的条件是不同的。当一个较大的要求过后，立即跟着一个较小的要求出现，并且与较大要求有明显的联系时，相反的技术更能实现其效果。而当两个要求毫无联系的时候，

"登门槛术"就会起到作用。

说服不同于争执

说服不同于争执、争论、争吵之处，在于说服不是斗争性、对抗性的。在试图说服那些与自己意见不一致的人时，我们不是把他们当作对手或敌人，而是当作平等的伙伴，不是为了让他们言听计从，而是为了让他们接受那些对他们有益却因为种种原因还没能理解的东西。说服是一种和平的事业，即使争吵，取胜的一方也要和"失败"的一方和平相处。一旦考虑到这种"和平共处"的价值，在语言上战胜对方就绝非上策了。

不考虑对方的利益且又盲目地投入争论的人，会被一种焦躁心理所控制，大有一种过了今天不管明天的偏激心态，但明天总会到来，那时又该如何呢？

当美国科学家、政治家本杰明·富兰克林还是个涉世不深的青年时，有个关心他的人对他说："本杰明，你真是无可救药。对意见与你相左的人，你总是粗鲁地加以侮辱，致使他们也不得不尽力反击。你的朋友认为，若是你不在他们身旁，他们会更快乐自在。你懂得太多，所以他们觉得自己没有什么话可以对你说。"这一番话对富兰克林起了警醒的作用，他在自传中写道："从此之后，我立下规则，我不再直接反对并伤害别人，也不过于伸张自己的意见。假如有人提出某种主张，而我认为是错的，我不再粗鲁地与他们争辩。相反地，我先找出一些特定的事例，证明对方可能也是对的，只是在目前状况下，这些看法'似乎'有些不妥。"结果，富兰克林发现情况有奇迹般的转变："经过这样的改变后，我发现受益颇多。和别人交谈，气氛显得愉快了，由于采取一种谦和的态度，别人在接受我的意见时也不会发生争论；如果我是错的，则不会有人攻击我而使我受辱；而在‘我对，别人错’的状况下，则更容易说服对方转而同意我的看法。"富兰克林由此走上了一条成功之路，使他的智慧为越来越多的人所承认。他的思想也影响了他生前及逝后的几代美国人，他也成为一代历史伟人。

说服，或真正的说服力就是形成被说服者的内在服从效应。它与借助权力的威胁的不同之处在于，说服者认为他与被说服者是平等的，被说服者有具有某种观点、看法、态度及采取某种行为方式的自由。与交换、魅力所形成的确认式服从不同，在形成内在式服从的过程中，说服者也许根本就没有什么魅力或利益上的吸引力，被说服者之所以服从并不是因为说服者的缘故，说服者提供的信息才真正具有价值，起到修正或者改变被说服者的感知方式、理解及解释方式的作用，从而使内在化服从者最终对身边的事物采取了一种新的反应及行为方式。

说服他人要有耐心

如果你的观点是对的，一时无法说服人家，你很可能会犯过分心急的毛病。当然，如果人家听了你的说服的话，立刻点头叫好，改弦易辙，并称赞你"一言惊醒梦中人"，这自然是最妙不过的。实际上，这种情况并不多见。别人的看法、想法、做法，不是一天形成的。"冰冻三尺，非一日之寒"，因此，要对方改变看法也绝非一日之功。相反，即使他当时表示了心悦诚服，你还要让他回去好好考虑。因为积习难改，当面服了，回去细想可能还会出现反复。如果真是如此，千万不能指责对方是"当面一套，背后一套"。

正确的做法是：第一要耐心，第二要耐心，第三还是要耐心。

当你不能说服对方的时候，甚至被人抢白一顿后，不要生对方的气，更不能生自己的气。"算了，管这闲事干什么？"这种想法是不应该有的。

你要有长期做说服工作的准备。对于"成见"这座山，今天挖一个角，明天铲一块土。逐步解释一些细节和要点，日积月累，"成见"就会渐渐消除了。

你还应当扩大你的阵线。有时候，别人不难被你说服，但他身后存在着庞大的力量，被人怂恿几句，思想又有波动。所以，你面对的可能不是一个人，而是一群人，鉴于此，你应当从各方面增加自己的力量。如你可以给对方介绍一些有益的书籍、一部好电影，也可以找一些与你见解相同的人一起帮你做说服工作。通过这一系列的工作，不但从各侧面帮助对方，而且对你也是一个促进，因为你也从多个侧面的工作中提高了自己。

说服与批评之间，既有相似相通之处，又有相异相悖之处。这是两个有部分外延交叉重叠的概念。

说服与批评，都有对人施加思想影响，从心理上征服人的意图。批评常辅以说服，批评离不开说服；说服有时也带有批评，但说服不一定都带批评。如推销产品时，一般都是向对方大讲好话，极少有批评顾客、买方的。被批评者，一般都有缺点、错误，批评的目的就是为了帮助对方改正。说服人接受你的主张，总要或多或少能给对方带来一定的精神上或物质上的好处。说服的过程，就是宣传这种好处，令对方信服。被说服者不一定有什么缺点、错误，他放弃的主张与接受你宣传的主张，不一定有正误之分，可能只有全面、完美的程度之别。

批评的态度较严肃或严厉，说话的语气也较重、较强硬；说服的态度较温和，说服的语气也较轻、较委婉。批评的话语，贬义词多于褒义词、否定词多于肯定词。说服的话语，褒贬皆可，根据说服的对象与内容的不同，有时褒多于贬，有时贬多于褒。如果进一步仔细分类，说服还可以再分为批评性说服与赞美性说服两类。接受批评，可能会属于自觉自愿，也可能多少带点勉强。接受说服，完全是自觉自愿，不带任何勉强。

民主空气浓厚，解决矛盾纠纷、统一思想认识时，说服多于批评，协商多于命令，其结果是人际关系和谐，人心团结向上，社交往来活跃。反之，则人际关系紧张，貌合神离，社交生活沉寂。虽然说服与批评皆不可少，但我们希望在一切社交场合，说服多一些，批评少一些。遇有矛盾分歧，尽可能地多采用说服手段。

想说服要会揣摩

通过提问，可以引导被说服一方去发现问题的症结所在，也可以引导他们提出解决问题的方案。因此，提问是相当重要的技巧。

伏尔泰说："判断一个人凭的是他的问题，而不是他的回答。"确实，问题提得好，乃是高明说客的一项标志。这类提问，有助于人们整理自己的思想和感受。

也正是通过提问，使得你对别人的需要、动机以及正在担心的事情，具有一种相当深入的了解，有了这样的答案，他人的心灵大门也就对你敞开了。要想有效地运用提问技巧，你还得注意以下三个重要事项：清晰化——问题一般是针对对方的讲话而发的。事实上，这类提问的总意图不外是：我已听到你的话，但我想确证一下你的真实意思。以清晰化为目的的提问，是反馈的一种形式，它可以使说话人的意思变得更加明了。

将问题加以扩展——你提问题的目的就是想知道更多的信息，比如，对方优先考虑的事情是什么。事实上，你这样提问题就等于告诉对方：我理解你的意思，但我想知道得更多些。

转移话题——有一类问题在转移话题时很有用。在你这样提问的时候，你实际上是在说：我对你这方面的想法已很清楚，让我们换个话题吧。通过这样的提问，你的航船就会转舵到更加顺水的方向上去。

你的见解要与他人的需要、愿望、目标相结合，要时时注意从别人那里得到反馈，这样你就会成为一名强有力的说客。你要时时揣摩那些需要，不断促使他人显露出他的需要差距，他那个"可是"，这才是至关重要的第一步。

说服他人的实用方法

有些人说服人经常犯的弊病，就是先想好几条理由，然后去和对方辩论；还有的是站在长辈的立场上，以教训人的口吻，指点别人该怎么做。这样一来，就是等于先把对方推到错误的一方，因此，效果往往不好。说服人的方法和技巧很多，以下几种是比较实用和简便的：

1．用高尚的动机来激励他。在一般情况下，每个人都崇尚高尚的道德、正派的作风，都有起码的政治觉悟和做人道德。所以，在说服他人转变看法的时候，一个有效的办法就是，用高尚的动机来激励他。比如说，这样做将对国家、公司带来什么好处，或将给家庭、子女带来什么好处，或将对自己的威信有什么影响等等。这往往能够很好地启发他，让他做应该做的事。

2．用热忱的感情来感化他。当说服一个人的时候，他最担心的是可能要受到的伤害，因此，在思想上先砌上了一道墙。在这种情况下，不管你怎么讲道理，他都听不进去。解决这种心态的最有效的办法就是，要用诚挚的态度、满腔的热情来对待他，在说服他的时候，要用情不自禁的感情来感化他，使他从内心受到感动，从而改变自己的态度。

3．通过交换信息促使他改变。实践证明，不同的意见往往是由于掌握了不同的信息所造成的。有些人学习不够，对一些问题不理解；也有些人习惯于老的做法，对新的做法不了解；还有些人误信他人，对某些事情有误解等等。在这种情况下，只要能把信息传给他，他就会觉察到有些行为不是像原来想象的那么美好，进而采纳领导者的新主张。

4. 激发他主动转变的意愿。要想让别人心甘情愿地去做任何事，最有效的方法，不是谈你所需要的，而是谈他所需要的，并教他怎么去得到。所以有人说："撩起对方的急切愿望，能做到这一点的人，世人必与他同在；不能的人，将孤独终生。"

探察别人的观点并且在他心里引起对某项事物迫切需要的愿望，并不是指要操纵他，使他做只对你有利而不利于他的某件事，而是要他做对他自己有利，同时又符合你的想法的事。这里要掌握两个环节：一是说服人要设身处地地谈问题，要把别人的事当作彼此相互有利的事来加以对待；二是在促使他行动的时候，最好让他觉得不是你的主意而是自己的主意。这样他会喜欢，会更加主动和积极。

5. 用间接的方式促使他转变。说服人时如果直接指出他的错误，他常常会采取守势，并竭力为自己辩护，因此，最好用间接的方式让他了解应改进的地方，从而让他达到转变的目的。所谓间接的方法是多种多样的，如把指责变为关怀；用形象的比喻来加以规劝；避开实质问题谈相关的事；谈别人的或自己的错误来启发他；用建议的方法提出问题等等。这就要靠领导者根据实际情况创造性地加以运用。

6. 提高对方"期望"的心理。被说服者是否接受意见，往往和他心目中对说服者的期望心理有关，说服者如果威望高，一贯言行可靠，或者平时和自己感情好，觉得可以信赖，就比较愿意接受他的意见。反之，就有一种排斥心理，所以作为领导者，平时要注意多与下属交往，和他们建立深厚的感情，这样在工作的时候就能变得主动有力。

Part14 巧妙说不：拒绝他人也是一门艺术

　　有个伟人说过：人世间最难的事就在于对他人说"不"。在面对他人的要求时，人们常常会陷入两难境地：要是拒绝他人，怕会得罪对方，万一以后自己有事求人家，人家不给面子。而答应了对方，有时候就会违反自己的原则，让自己陷入尴尬的境地。其实，只要掌握了拒绝他人的语言艺术，就会避免这种两难境地，把事情完美地处理好。

要真心地拒绝他人

当你的同事向你提出要求时，他心中通常也会有某些困扰或担忧，担心你会不会马上拒绝，担心你会不会给他脸色看。

因此，在你决定拒绝之前，首先要注意倾听他的诉说。比较好的办法是，请对方把处境与需要讲得更清楚一些，自己才知道如何帮助他。接着向他表示你了解他的难处，若是你处于同样的境地，也一定会如此。

倾听能让对方有被尊重的感觉，在你婉转地表明自己拒绝的立场时，也能避免让对方产生受伤害的感觉，或避免让人觉得你在应付。如果你的拒绝是因为工作负荷过重，倾听可以让你清楚地界定对方的要求是不是你分内的工作，而且是否包含在自己目前的重点工作范围内。或许你仔细听了他的意见后，会发现协助他有助于提升自己的工作能力与经验。这时候，在做好目前工作的原则下，牺牲一点自己的休闲时间来协助对方，对自己的职业生涯是有帮助的。

倾听的另一个好处是，你虽然拒绝了他，却可以针对他的情况，建议他如何取得适当的解决方法。若是能提出有效的建议或替代方案，对方一样会感激你，甚至在你的指引下找到更适当的支援，达到事半功倍的效果。

拒绝时除了可以提出替代建议，隔一段时间还要主动关心对方的情况。有时候拒绝是一个漫长的过程，对方会不定时地提出同样的要求。若能化被动为主动地关怀对方，并让对方了解自己的苦衷与立场，可以减少拒绝的尴尬与影响。拒绝除了需要技巧，更需要发自内心的耐性与关怀。若只是敷衍了事，对方其实能看得出来。这样会让人觉得你不是个诚恳的人，对人际关系伤害很大。

总之，只要你是真心地说"不"，对方一定会体谅你的苦衷。

学会轻松地对他人说"不"

1．做好说"不"的准备

我们可以分析一下，那些在别人不论提出多不合理的要求时都很难说"不"的人，通常是由于以下一种或几种原因造成的。

首先对自己的判断力缺乏自信，不知道什么是应该做的，什么是别人不该期望自己做的。

其次渴望讨别人喜欢，担心拒绝别人的请求会让人把自己看扁了。对自己能力能够成功地负起多少责任也认识不清。

最后是自卑作怪，因而把别人看成是能控制自己的"权威人士"。

然而，不论出于何种理由，这些不敢说"不"的人通常承认自己受感情所支配。不管过去的经历如何，他们从未在别人提出要求时有一个准备好的答复。

2．用拖延来说"不"

一位女友想和你约会，她在电话里问你："今天晚上八点钟去跳舞，好吗？"

你可以回答："明天再约吧，到时候我给你去电话。"

你的同事约你星期天去钓鱼，你不想去，可以这样回答："其实我是个钓鱼迷，可自从成了家，星期天就被妻子没收啦！"

3．用沉默说"不"

当别人问："你喜欢阿兰·德龙吗？"你心里并不喜欢，这时，你可以不表态，或者一笑置之，别人即会明白。

一位不大熟识的朋友邀请你参加晚会，送来请帖，你可以不予回复。它本身说明，你不愿意参加这样的活动。

4．用回避说"不"

你和朋友去看了一部拙劣的武打片，出影院后，朋友问："你觉得这部片子怎么样？"你可以回答："我更喜欢抒情点的片子。"

5．用模糊说"不"

外交官们在遇到他们不想回答或不愿回答的问题时，总是用一句话来搪塞："无可奉告。"生活中，当我们暂时无法说"是"与"不是"时，也可用这句话。还有一些话可以用作搪塞，如"天知道。""事实会告诉你的。""这个嘛……难说。"等。

6．用反诘说"不"

你和别人一起谈论国家大事。当对方问："你是否认为物价增长过快？"你可以回答："那么你认为增长太慢了吗？"你的恋人问："你讨厌我吗？"你可以回答："你认为我讨厌你吗？"

7．用推托说"不"

比如，一个宾馆服务员面对一位客人请求替他换个房间时，则可以说："对不起，这得值班经理决定，他现在不在。"

你和妻子一块上街，妻子看到一件漂亮的连衣裙，很想买，你可以拍拍衣服口袋："糟糕，我忘了带钱包。"

有人想找你谈话，你看看表："对不起，我还要参加一个会，改天行吗？"

8．用客气说"不"

当别人送礼品给你，而你又不能接受时，你可以客气地回绝：一是说客气话；二是表示受宠若惊，不敢领受；三是强调对方留着它会有更大的用处等。

9．友好地说"不"

一位作家想同某教授交朋友。作家热情地说："今晚我请你共进晚餐，你愿意吗？"不巧教授正忙于准备学术报告会的讲稿，实在抽不出时间。于是，他亲热地笑了笑，带着歉意说："对你的邀请，我感到非常荣幸，可是我正忙于准备讲稿，实在无法脱身，十分抱歉。"他的拒绝是有礼貌而且愉快的，但又是那么干脆。

10. 对事说"不"

某造纸厂的推销员上某单位推销纸张。推销员找到这个单位的总务处长，恳求他订货。总务处长彬彬有礼地说："实在对不起，我们单位已同某国营造纸厂签了长期购买合同，单位规定不再向其他任何单位购买纸张了，我也应按照规定办。"因为总务处长讲的是任何单位，就不仅仅针对这家造纸厂了。

当我们羞于说"不"的时候，请恰当地运用上述方法。但是，在处理重大事务时，来不得半点含糊，应当明确说"不"。而在朋友的真心求助下，则不能用说"不"的方法应付，应尽力竭尽所能，若实在违反原则和自己力不能及时，才好说"不"。

委婉拒绝他人的艺术

若别人有求于你，而你出于各种原因却无法帮他，又不好直说"不行""办不到"，怕因此伤害对方的自尊心；若对方提出一些看法，你不同意，既不想讲违心之言，又不愿直接反驳对方；若你看不惯对方的行为，既想透露内心的真情，又不愿意表达得太直露，以免刺激对方……要想处理好上述社交中经常出现的情况，就要在社交活动中学会巧妙委婉地拒绝，根据不同的情境说"不"。

1. 假托直言

直言是对人信任的表现，也是与对方关系密切的标志。但是多数情况下直言因逆耳而不能收到预期的效果。在这种情况下，要拒绝、制止或反对对方的某些要求、行为时，可采取假托由于非个人的原因作为借口从而加以拒绝，这样对方就容易接受。例如：

某报社的推销员登门要求你订阅他们发行的报纸，可你不想订阅。你可以很有礼貌地说："谢谢，你们的服务很周到，可是我们已经订阅了其他几家报社的报纸了，请谅解。"

2．反复申诉

当别人侵犯了你的权利时，你要维护你的权利，既坚持你所需要的东西而不生气，也不急躁或高声喊叫，应该学会在一种冲突的情境中有效地反复表达你的意见。例如：

你到商店去买东西，由于购物的人多，售货员少找给你十元钱。你向售货员提出，售货员因记不清而引起了纠纷。这时你要以一种平静的声音重复诉说是如何少找给你钱的，直到问题得到解决。下面这段店员和买主的对话就是一个很好的例子。

买主：小姐，你少找给我十元钱。

店员：不会吧，我们总是一手交钱，一手交货。

买主：我相信你们总是这样做的，可是你确实少找给我十元钱。

店员：你有发票吗？

买主：有，（拿出发票），你看，就是差了十元钱。

店员：（看发票）你在这里买的是两双儿童的靴子。

买主：不错，你再算算，就是差十元钱。

店员：你看过你的衣袋没有？你是不是掉在哪儿了？

买主：不会的，我没动地方。我衣袋里再没有钱了。

店员：现在没法结算，快闭店时我们结账，你来一趟好吗？

买主：好，我相信您一定会找到。

3．模糊应对

如果由于某种原因不愿意或不便于把自己的真实想法说给对方，这时可以用模糊的语言来应对。例如：

在医院里，一位患有严重疾患的病人问医生："我的病是不是很重，还有康复的希望吗？"

医生回答："你的病确实不轻，但是经过治疗，安心养病，慢慢会好的。"

这里的"慢慢会好"是模糊语言。这"慢慢"是多久，是说不清的，但给病人以希望，对病人是一种极大的安慰。

4．热情应对

明确表示你希望满足对方的要求，并表示同情，可实际上是心有余而力不足，请对方谅解，而不直接拒绝。这样也能收到良好的效果。例如：

客户要求电信局安装市内住宅电话，由于供不应求，无法一一满足，但又不能拒绝客户的要求。回答时，应表示同情，并热情地说：

"满足客户的要求是我们应尽的责任，可是由于目前线路短缺，还不能全部解决，我们正创造条件，请你耐心等待。"

5．旁溢斜出

对对方提出的问题给予回避性的回答，而不直接否定对方提出的不合己意的问题。例如：

你的同学问你："某某小说写得很不错，你认为怎样？"

你可以这样回答："还可以，不过我更喜欢某作家的某一本小说。"

再如，星期天你的妻子说："今天我们去看话剧好吗？"而你不愿去，可以说："去看电影怎么样？"这种回答不会引起对方的反感，对方可能会同意你的意见。

关键时候大胆说"不"

社交中，我们常会遇到一些人的无理请求，若想既把"不"字说出口，又能不得罪人，确实是一件难事，甚至是一种奢求，因此我们面对某些人的无理取闹，特别是面对时弊陋习时，务必旗帜鲜明，断然予以拒绝，大胆把"不"说出口。

美国前总统塔夫脱曾讲过这样一个发生在他身边的故事：

"一位居住在华盛顿的妇人，她的丈夫很有些政治势力，她要求我为她的儿子安排一个职位。她不断向我提出请求，而且还托两院中的几位议员帮她说话。可是，她要求给他儿子安排的是一个充任总统秘书而且专司咨询两院议事的职位，这个职位只有具有一定专业知识的人才能胜任，她的儿子实在担当不了这个职务，所以后来我另外派了一个人去接任。这样一来她就感到大大的失望，立刻给我写来一封信，说我不懂人情世故，说她曾努力劝说某一州的代表，让他们赞同我提出的某一项重要法案，她对我这样帮忙，而我仅需举手之劳，就可以完成她的心愿。

"我接到她的信，把这封信先搁置了两天，然后再取出来很平心静气地写了回信。我对她表示了同情，说作为一个母亲，遇到了这样的事，当然是十分失望。再说关于用人是不能完全由我做主的，因为技术人才，我只能听该部门领导的推荐，最后说了些她的儿子在现在这个岗位上一样可以干得很好的话。这一封信总算使她静了下来，过后她又给我写了一封短札，说明对前一封信所言应该抱歉。

"我所委派的人并没有马上就去接任，所以过了几天，我又接到了一封是她丈夫署名的信，但是，笔迹完全和前一封信一样。这封信中说他的妻子为了儿子职位的事而忧闷成疾，医生诊断，恐怕是一种很严重的胃病。如果要使她恢复健康，最好把前次委任的那个人撤回而另行改为她的儿子。

"因此，我又给她丈夫回了一封信，信中说希望医生的诊断有误，同时，同情他为了夫人的病而忧戚。至于撤回前次所委派的人，那是朝令夕改，事实上是不可能的。

"此事不久，我委任的人就到任了。又过了两天，我在白宫中开了一个音乐会，第一对到会的客人，就是那位妇人和她的丈夫。"

上例中，塔夫脱一连三次拒绝，每次在拒绝上都义正词严，而对于之外的话题则给予了妇人很大的同情和理解，所以他们在事情过去之后，仍能保持良好甚至是更好的交往关系。这无疑是得益于塔夫脱对这件事得当的处理方法和简洁而不乏情意的拒绝之词。因此，我们在社交中拒绝某些事时，不要为了拒绝而说一大堆理由，有些事不行就是不行，简明说出理由，然后不乏情义地拒绝它，才是上上之策。

有人说，如果你想真正了解一个人，就请注意他拒绝别人时的样子，这是一个人的全部。"不"不仅体现了一个人的性情，也诠释了一个人做人的标准，在该说"不"的时候大胆把"不"说出口，是一种境界。